CAMINHOS PARA UMA NOVA EDUCAÇÃO

Coleção **QUEM AMA, EDUCA!**

IÇAMI TIBA

CAMINHOS PARA UMA NOVA EDUCAÇÃO

Principis

Esta é uma publicação Principis, selo exclusivo da Ciranda Cultural
© 2023 Ciranda Cultural Editora e Distribuidora Ltda.

Texto
© Içami Tiba

Edição original
André Luiz Martins Tiba
Natércia Martins Tiba Machado
Luciana Martins Tiba

Preparação de texto original
Márcia Lígia Guidin

Editora
Michele de Souza Barbosa

Produção editorial
Ciranda Cultural

Preparação
Walter Sagardoy

Revisão
Maria Luísa M. Gan

Diagramação
Linea Editora

Design de capa
Ana Dobón

Dados Internacionais de Catalogação na Publicação (CIP) de acordo com ISBD

T552c	Tiba, Içami. Caminhos para uma nova educação / Içami Tiba. - Jandira, SP : Principis, 2023. 96 p. ; 15,50cm x 22,60cm. - (Quem ama, educa!). ISBN: 978-65-5097-084-0 1. Educação familiar. 2. Educação emocional. 3. Filhos. 4. Psicologia. I. Título. II. Série.
2023-1300	CDD 370.158 CDU 37.015

Elaborado por Lucio Feitosa - CRB-8/8803

Índice para catálogo sistemático:
1. Educação familiar 370.158
2. Educação familiar 37.015

1ª edição em 2023
www.cirandacultural.com.br
Todos os direitos reservados.
Nenhuma parte desta publicação pode ser reproduzida, arquivada em sistema de busca ou transmitida por qualquer meio, seja ele eletrônico, fotocópia, gravação ou outros, sem prévia autorização do detentor dos direitos, e não pode circular encadernada ou encapada de maneira distinta daquela em que foi publicada, ou sem que as mesmas condições sejam impostas aos compradores subsequentes.

Sumário

Grata apresentação de Natércia Tiba aos leitores 11

Agradecimentos 13

Introdução 15

Caminhos para uma nova educação 17

    Capítulo 1 Unidos desde o princípio 19

    Capítulo 2 O primeiro ano 23

    Capítulo 3 Filhos não nascem com manual 34

    Capítulo 4 Situações críticas 44

    Capítulo 5 Auxílio de terceiros 59

    Capítulo 6 Pais separados... 75

    Capítulo 7 Cidadania dentro da nova família 86

    Capítulo 8 Geração digital e o desafio de educá-la 98

Bibliografia 119

Glossário remissivo 121

Sobre Natércia Tiba 124

Sobre Içami Tiba 125

Este livro é dedicado
a Haim Grünspun.

In memoriam.

 # Felicidade*

Os pais podem dar alegria e satisfação a um filho,
mas não há como lhe dar felicidade.
Os pais podem aliviar sofrimentos enchendo-o de presentes,
mas não há como lhe comprar felicidade.
Os pais podem ser muito bem-sucedidos e felizes,
mas não há como lhe emprestar felicidade.

Mas os pais podem aos filhos
Dar muito amor, carinho, respeito,
Ensinar tolerância, solidariedade e cidadania,
Exigir reciprocidade, disciplina e religiosidade,
Reforçar a ética e a preservação da Terra.

Pois é de tudo isso que se compõe a autoestima.
É sobre a autoestima que repousa a alma,
E é nessa paz que reside a felicidade.

Içami Tiba

* A tradução deste ideograma é "Longa Vida" e "Felicidade".

Grata apresentação de Natércia Tiba aos leitores

Apresento Natércia como coautora deste livro. Ela insiste em ser apenas colaboradora. Mas é coautora, pois Natércia introduziu preciosos temas sobre os quais eu não teria condições teórico-prático-vivenciais de escrever. Mesmo que ela ache que sua participação tenha sido pequena, é pura modéstia, pois o que produziu tem uma qualidade ímpar que compensa qualquer quantidade.

Esta é, porém, uma saudável dialética que não terminaria nunca, pois se dá entre duas pessoas que se conhecem muito bem... É um relacionamento de mútuo respeito, admiração, carinho e reconhecimento do valor pessoal, familiar e profissional.

Então, que assim seja: Natércia participa como colaboradora... Para mim, ela continua coautora. Com excelente base escolar, ela se graduou psicóloga com especialização em psicodrama, sob os caprichados e competentes olhares de verdadeiros mestres, além das profundas incursões teóricas em várias fontes, e se lançou nos campos terapêuticos para ajudar seus pacientes (casais grávidos, crianças/adolescentes e respectivos pais) a superar barreiras, resolver conflitos, ampliar a vida para o mundo do qual fazem parte e integrar-se com as pessoas que lhes são caras.

Como uma especialidade dentro de outra, Natércia focalizou seus interesses em gestantes (marido e mulher), formando grupos de orientação e preparo para a futura pater/maternidade, sem se descuidar e continuar aprendendo com as próprias crianças. Nessas áreas sua contribuição foi fundamental para este livro. Ela deveria assinar textos de vários capítulos e acréscimos importantes, com tantas contribuições valiosas que seria praticamente impossível destacá-las.

Como pessoa, participei ativamente do seu crescimento, com alegrias e satisfações, pois chateações praticamente não existiram. Parece-me incrível que aquela criancinha que nascera do meu amor pela mãe dela – minha amada Maria Natércia – crescesse, amadurecesse, casasse com um genro maravilhoso e nos desse dois supernetos inteligentes, charmosos, amorosos, já tão seguros de si que desmontam qualquer avô, principalmente um babão como eu. Estes netos têm-me ensinado muito, ao me permitirem repassar as aulas mal aproveitadas com meus próprios filhos...

Hoje Natércia, especializada em Terapia de Família, participa (sem eu saber) de entrevistas, de programas de televisão, chats na internet, e recebo os cumprimentos dos meus amigos e conhecidos pela brilhante colega de trabalho que eu tenho – ela –, que lê muito, indica livros para eu ler, acrescenta sua visão ao meu trabalho e me atualiza sobre as novidades que está aprendendo. Aprecio muitíssimo a sábia humildade de poder aprender sempre. Tanto a minha como a dela. Sua participação nesta obra cresceu bastante, enriquecendo-a significativamente.

    Eu gostaria muito que o sentimento de gratidão tivesse palavras próprias que expressassem tudo o que sinto por Natércia Martins Tiba Machado, mas aqui lhe vai, do fundo do meu coração, o meu muitíssimo obrigado, minha filha! Carinhoso beijo a você, ao meu querido genro Maurício e aos meus amados netos, Eduardo e Ricardo.

Agradecimentos

Agradeço ao meu falecido avô, Rinnosuke Chiba, que emigrou do Japão para o Brasil em 1936 somente após ter quitado – com pesado trabalho na lavoura – a dívida deixada por seu próprio pai e continuou lúcido, com autoridade sobre os filhos, noras e netos até seu falecimento. Agradeço, porque ele me fez sentir único entre tantos netos e ensinou-me que, mesmo em tempos mais difíceis, lá estavam as carpas para nos distrair.

Agradeço à minha falecida mãe, Kikue – minha maior torcida silenciosa – e sua crença no meu desejo quando, aos 6 anos de idade, antes de ir à Escola em Tapiraí, eu disse a ela que queria ser médico. Agradeço-a porque me aconselhou: "Então, você tem que estudar muito!". Foi o que eu fiz e faço até hoje.

Agradeço ao meu falecido pai, Yuki, que ainda criança me pedia para falar em "brasileiro" com ele, mesmo que ele falasse em japonês comigo, só para aprender o idioma aqui falado. Agradeço pelo seu exemplo de trabalho, responsabilidade familiar e social, que nortearam a minha vida; agradeço-lhe, porque se tornou monge budista já na meia-idade.

Agradeço a meus filhos, André Luiz, Natércia e Luciana, agora acrescidos do meu genro Maurício e netos Eduardo e Ricardo, todos muito amados. São uma torcida barulhenta, que me elevou à condição de pai, sogro e avô, me retroalimentam e me permitem continuar acreditando que tudo o que faço para ajudá-los a construírem suas próprias vidas vale a pena, pois cada um deles – cada qual à sua maneira – é bem-sucedido no que faz.

Agradeço a meus professores que conseguiram ser inesquecíveis. Eles me fizeram sentir que os ensinamentos eram dirigidos especialmente a mim, me transmitiram o poder do conhecimento, do comprometimento, da confiabilidade, da civilidade, dos bons resultados, do bom humor, do aprender sempre e do ensinar sempre que possível, não importa onde, como ou quando.

Agradeço à minha amada esposa, Maria Natércia, minha companheira e parceira que permanece comigo depois que todos se foram para as suas próprias vidas; que me vislumbrou além dos meus sonhos, desejos, projetos e realizações; que neles acreditou e juntos construímos o que ambos somos. Mais que cara-metade, ela é minha cara-inteira, pois sua alma está plenamente presente na minha vida, em tudo o que fiz e faço; sei que posso contar com ela para continuar fazendo muito mais.

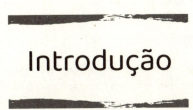

Introdução

Este livro é um diagnóstico de como estamos hoje, primeira década do século XXI, e de como podemos melhorar para que nossos filhos se tornem pessoas-cidadãs, éticas, felizes, autônomas e competentes, ao receber uma educação integrada. Tal educação baseia-se na Teoria Integração Relacional, criada por nós, autores. Essa teoria tem como aspecto diferencial incluir na saúde mental disciplina, gratidão, religiosidade, cidadania e ética.

Reescrever, cortar, ampliar e rediscutir seus critérios e exemplos foi um trabalho necessário para que "Quem ama, educa!" continue chegando às famílias com novos estímulos à educação dos filhos e de alunos. Ou seja, faziam-se necessárias outras reflexões educacionais, exigidas dentro de nossa sociedade contemporânea globalizada.

Esta é a geração digital, que pensa diferente, arrisca tudo por vontade, como faz nos joguinhos eletrônicos, onde o máximo de perda que acontece é a "sua morte". Uma morte da qual ressuscita facilmente, ao reiniciar o mesmo joguinho. Uma morte que não traz nenhuma consequência, a não ser perder o jogo que se reinicia, sempre, como se a morte não existisse de fato. Uma geração que faz pouco-caso dos manuais, tão importantes para seus pais compreenderem a nova tecnologia com que deparavam. A distância existente entre os estímulos que os pais receberam e os filhos estão recebendo é muito grande.

Com os estímulos dos avanços tecnológicos, joguinhos eletrônicos, internet, videogames, telefones celulares com torpedos, fotos e e-mails, as crianças absorvem uma identidade global às vezes mais forte que a familiar. Em cada casa, os menores são únicos, mas no mundo os únicos são muito semelhantes entre si. Se as gerações passadas se mantinham um bom tempo na resistência de valores iguais, agora o processo de substituição e "progresso" dura pouquíssimo: uma diferença de idade de 5 anos já é suficiente para o irmão mais novo perguntar ao mais velho: "No seu tempo já existia o telefone celular?" ou "O que é ICQ®?".

E olhem que esse diálogo acontece mesmo quando o irmão do meio também já tem um celular na mão e está usando o MSN®, ou entrando em blogs e no Orkut®...

Assim, com base em nossos estudos e na experiência clínica como psicoterapeutas, pretendemos ajudar os pais no preparo dos filhos para o mundo que estamos lhes deixando e sugerimos o que tem tido comprovada eficiência: caminhos para uma nova educação.

A educação exige maior participação do "homem grávido" e do "pai integrado" para começar bem o importantíssimo primeiro ano do bebê. A maior queixa dos pais, de que filhos não nascem com manual, mereceu todo o capítulo 3. Também mereceram atenção situações críticas, como chegada do irmão, hiperatividade, birras, bagunças e pequenas delinquências.

Sabemos que não há como prescindir da ajuda de terceiros num mundo em que mãe e pai trabalham fora. Abrimos, por isso, itens especiais para babás, avós e creches. A escola é essencial para a educação infantil desde a mais tenra idade. Portanto, sua boa escolha, o preparo da mochila e as lições de casa são fundamentais, porque estudo é obrigatório.

O eterno amor vale enquanto dura, disse o poeta. Não haveria então como deixar de lado os pais separados e as conseqüências da separação, nas mais diversas situações, assim como seus benefícios, quando se adentra o universo dos ex-cônjuges, com seus novos relacionamentos ou mesmo quando levam a vida sozinhos.

Abordamos ainda a carinhosa atenção que os pais devem ter para não exagerar nos cuidados com os filhos adotivos, nem ser surpreendidos por filhos DNA. Torna-se indispensável que os pais a cada dia enfrentem novos desafios para a educação pós-moderna. Aqui entram a geração zap, as precocidades comportamentais e sexuais, mesadas e vales, videogames – os predadores da selva de pedra – e a inevitável prevenção contra as drogas.

A educação é um grande catalisador na absorção da cultura, nem tanto o inverso. É por tudo isso que o velho dito popular "Quem ama cuida!" tem de ser aposentado, para dar lugar ao novo: QUEM AMA, EDUCA!

Caminhos para uma nova educação

Capítulo 1

Unidos desde o princípio

O ser humano inteligente, gregário, com religiosidade, ética e criatividade, construiu a civilização, e nela mãe e pai têm papéis importantes. Esses mesmos valores são os que devem nortear o dia a dia das famílias.

A história da humanidade mostrou que o cérebro humano tem uma capacidade incrível de superação, e essa capacidade se amplia à medida que o ser humano evolui. Quanto mais evoluído, mais recursos ele tem para enfrentar as adversidades.

O homem não é o que reza a tradição machista. É um ser humano integral, superior. Entretanto, se fizer apenas o mínimo que se espera dele, sem ter uma visão mais abrangente do mundo, ele empobrecerá. É o caso do funcionário de uma montadora que não pode limitar-se a mero apertador de parafusos, ainda que passe a vida toda fazendo isso. Ele tem de saber que está ajudando a construir um carro e é, portanto, um construtor de carros.

Os pais devem fazer tudo para formar uma família. Se a criança está chorando, de nada adianta o pai gritar lá de sua poltrona para que a mulher vá atendê-la. Esse ranço machista tão antieducativo só aumenta a confusão.

Seria muito mais inteligente e respeitoso aplicar a energia para atender a criança do que agastá-la num grito e no mal-estar de ouvir o choro do filho. A natureza é generosa ao recompensar uma mudança de comportamento desse tipo. Além de o homem ganhar proximidade com o filho, terá a admiração da esposa, porque não há mulher que não retribua generosamente a quem trata bem seu filho. A mulher, ao ouvir o choro de um filho, só não o atende quando lhe é realmente impossível.

IÇAMI TIBA

> **É quase irresistível para uma mãe deixar de atender ao choro de uma criança; ela geralmente larga tudo para proteger o filho. E o pai?**

Quem determinou que é a mulher que deve sempre atender ao choro da criança? Aliás, o choro pode ser manifestação de sofrimento, de perigo, de tentativa de manipulação etc. Desde a Antiguidade, ou a mãe a socorria ou a criança era comida pelos animais. E onde estava o homem forte para defendê-la? Estava ocupado, caçando ferozmente esses mesmos animais para alimentar a família.

A caçada, como se sabe, era tarefa dos homens porque eram mais fortes que as mulheres. Enquanto isso, as mulheres ficavam com as crianças. Nos tempos de hoje, o homem não precisa mais de tanta força física para trazer comida para casa. Alguns nem precisam sair de casa, mas nem por isso passaram a cuidar das crianças. A mulher também começou a participar das "caçadas", porém não abriu mão de cuidar das crianças.

Será que o homem tem dificuldade para atender ao choro da criança? Não, pois na ausência da mulher ele consegue. Se em situações extremas pode fazer isso, significa que pode fazer sempre. Se não tivesse competência, não faria nunca, por maior que fosse a necessidade.

Um pai pode ajudar muito na educação dos filhos. Suas funções não deveriam restringir-se a arrumar a torneira, trocar a lâmpada, matar baratas. É vital que se interesse pelas atividades do filho perguntando e ouvindo com atenção suas respostas. Não é para funcionar como se fosse um detetive, para fiscalizar o filho, mas para acompanhar as atividades dele. Melhor ainda seria o pai participar das atividades dele.

Quando chega em casa, o marido não deveria reclamar da falta do jantar, mas arregaçar as mangas para prepará-lo. Ter vontade de ajudar é uma manifestação de amor. E seria o primeiro passo para uma mudança ainda maior: não somente conseguir "ajudar" a mulher, mas uma divisão dos afazeres tanto da casa quanto no que se refere aos filhos. Na realidade o marido não está ajudando a mulher, mas admitindo que essas atividades são também sua responsabilidade.

Mesmo entre os casais mais modernos, que carregam a bandeira da "divisão justa de tarefas", o homem faz supermercado, mas a lista é feita pela mulher, que deve determinar a quantidade e a marca dos produtos consumidos na casa. O pai leva os filhos ao pediatra, mas o horário é agendado pela mãe, que manda uma lista com os sintomas dos filhos ou telefona para o pediatra no horário da consulta para ela mesma falar.

O homem vem conquistando espaço enquanto pai, mas ainda sem muita autonomia. E a mulher começa a delegar-lhe algumas tarefas, mas sem perder seu lugar de poder e controle da casa. É o começo de uma grande transformação que poderá evoluir trazendo ganhos e um melhor convívio não só entre o casal mas também com os filhos[1].

---

[1] Para saber mais, ler *A máscara da maternidade*: Por que fingimos que ser mãe não muda nada?, de Susan Maushart (trad.: Dinah de Abreu Azevedo). São Paulo: Melhoramentos, 2006 (N.A.).

O homem grávido

A participação do pai na educação do filho já pode começar na gravidez! Muitos homens, hoje em dia, acompanham a mulher durante o pré-natal. Alguns por vontade própria, outros a pedido do obstetra. Mas isso não é suficiente para que o homem se sinta também "grávido".

> O homem grávido é um estágio que serve de aquecimento para o papel adequado do pai que participa da formação do bebê.

Ser mãe e pai não é apenas cumprir tarefas práticas mas também envolver-se afetiva e intensamente, pois é disso que resulta a qualidade do relacionamento. Por isso é importante que o pai envolva-se ativamente dos cursos de preparação para o parto, leia livros sobre o que está acontecendo com o feto e saiba como ele está se desenvolvendo, sinta seus movimentos, que converse com o filho ainda na barriga da mãe – para que ele vá se acostumando com sua voz.

O verdadeiro homem grávido participa das reuniões do pré-natal, dos exames de ultrassom, dos cursos de preparação para o parto a fim de aprender a cuidar da criança, recebê-la bem e estabelecer com ela o vínculo afetivo fundamental para sua educação.

Uma pesquisa nos Estados Unidos mostrou recentemente que, quando os pais participavam de pelo menos dois encontros de 45 minutos, quando eram feitas orientações quanto à amamentação – como os pais poderiam ajudar a posicionar o bebê e ajudá-lo na pega correta do seio –, o índice de mães amamentando até os 6 meses passou de 21% para 69%. Esse, portanto, seria mais um benefício proveniente do envolvimento do pai, pois a amamentação tranquila e bem-sucedida favorece o bebê, a mãe e consequentemente o relacionamento familiar, além de reforçar no homem seu novo papel de pai.

> Hoje, já dentro do útero, o bebê se materializa para os pais.

Há obstetras que sugerem o parto humanizado. O pai deixa de ser um observador para se tornar um participante do nascimento do filho. Uma evolução para a paternidade. Antes, o parto era visto como um momento muito particular entre a mãe e o bebê. Agora, passa a ser um momento único para a mãe, o bebê e o pai.

Assim que a criança nasce, o pai, ainda dentro da sala de parto, participa dos primeiros cuidados, dando-lhe o primeiro banho e observando a primeira mamada. Antes considerado função materna, o banho é dado pelo pai, que na maioria dos casos se encanta com a intensidade da relação com o bebê e com a percepção de sua capacidade de exercer funções antes nem imaginadas. A maioria dos obstetras tem orientado o casal grávido, e não mais somente a mulher.

Em geral, a gravidez pega o homem grávido num momento de muita luta para a consolidação profissional, e sua mulher grávida pode dar mais trabalho que antes, quando era uma parceira disposta a tudo. Ela agora está cheia de desejos... e olha primeiro o bebê na barriga, depois o companheiro.

A mulher integrada busca informações, marca exames, faz ginástica, massagem, cuida bem da alimentação. Os grandes problemas são as limitações naturais da gravidez. O corpo muda. Ela sabe disso, mas encara a verdade: gravidez não é doença nem paralisa ninguém.

A expressão máxima da religiosidade é o amor, e ele transforma o critério estético de apreciação do companheiro. De tanto as pessoas dizerem que a grávida é bonita, ela se torna bonita. Do ponto de vista puramente estético, talvez não fosse assim.

> O amor faz da grávida uma mulher bela, e o mundo a homenageia, enaltece-a e enche-a de cuidados.

Existem alguns homens que não evoluíram para a paternidade e não conseguem ver na esposa, futura mamãe, seu objeto de desejo. O fato é que o corpo deles não muda. Outros maridos, imaturos, sentem-se rejeitados pela esposa grávida. Após o parto, quando esperam que a situação melhore, ressentem-se quando a mãe tem de se dedicar muito mais ao bebê.

Os homens que não têm saúde emocional para suportar períodos de dificuldade costumam abandonar a mulher e a criança, como se estas fossem as causas do seu problema.

Pai integrado

Um pai integrado, além de entender que nesse período a esposa grávida não pode lhe dar tanta atenção quanto antes, começa a dedicar maior atenção a ela. E olha também para a criança, o que lhe permite passar longe do sentimento de rejeição. Por mais independente que a mulher seja, a gravidez torna-a mais sensível e necessitada de maiores cuidados. Mesmo as mulheres que se sentem extremamente bem e energizadas, com a aproximação da data do parto, têm também a necessidade de um apoio muito cuidadoso e compreensivo. Muitas acabam recorrendo à própria mãe ou à sogra, em vez de apelar para o marido.

Para muitas mulheres, a ajuda da figura feminina de mãe e sogra traz segurança e conforto. Pode ser um momento muito importante para o relacionamento entre elas. Para as futuras vovós, pode ser uma espécie de "revivência" da maternidade e, para as futuras mamães, é a chance de reaproximação com a própria mãe. Nessa fase, muitas mulheres passam a ter curiosidade sobre como eram quando bebês, como sua mãe agia, coisas assim. Vão se aquecendo para desempenhar o papel de mamãe.

O homem integrado, em vez de se sentir rejeitado, pode ter a mesma oportunidade de se aproximar de seus pais. Muitos homens grávidos também podem se sentir ansiosos com as modificações que ocorrem na companheira, com as mudanças no relacionamento e com as expectativas do que está por vir.

Com o nascimento da criança, o time das mulheres (avós, mães, cunhadas) tem um tipo de preocupação diferente da que tem o time dos homens (avôs, pais, irmãos). Elas querem participar dos cuidados diários com o bebê, enquanto os homens preferem vê-lo apenas de vez em quando: costumam ser mais observadores do que cuidadores. À proporção que o bebê cresce e começa a dar retornos agradáveis (sorrir, falar, andar, fazer gracinhas), o time dos homens vai se envolvendo com ele.

Assim, de modo geral, o homem participa bem menos dos cuidados iniciais com o bebê, que absorvem a mãe praticamente 24 horas por dia. E algumas ainda têm de aguentar um marido que se sente rejeitado.

O nascimento deve ser compartilhado também com a grande família. A mãe ou a sogra, quando não atrapalham, são extremamente úteis. O marido precisa entender isso e não hostilizar a sogra, tampouco sua mãe.

Capítulo 2

O primeiro ano

O parto é um sucesso biológico. Mas o ser humano cercou esse momento de tantos cuidados que passamos até a fazer cesariana com hora marcada.

Nem sempre, entretanto, privilegiamos do mesmo modo um período importantíssimo para a vida da criança, que é o da amamentação. A mãe precisa estar disponível para oferecer o seio ao filho. Bebês têm de ser nutridos e alimentados. Nutridos de corpo, alimentados de alma.

> **O leite alimenta o corpo;
> o afeto alimenta a alma.**

Amamentação: seus segredos

Para os mamíferos, amamentar faz parte do instinto da mãe (comportamento biológico, estilo animal); portanto, é natural que as mães tenham leite para oferecer aos filhos. Ao longo da gestação, o bico do seio da mulher escurece por uma razão simples e maravilhosa. Quando o bebê nasce, ainda com dificuldade de focalizar imagens, consegue enxergar o bico do seio pelo contraste da pele, e se levado ao seio, por estar vivendo um momento de estresse e sob estado de alerta, suga-o imediatamente por reflexo. E o sugar é um reflexo que acontece ainda dentro do útero. Se o bebê sugar corretamente, a mãe terá a quantidade de leite suficiente para sustentá-lo nos seus 6 primeiros meses de vida. A sucção correta é a principal responsável pela produção de leite. A parte que cabe à mãe é beber muito líquido e evitar o estresse.

Muitas histórias de amamentação não são bem-sucedidas por falta de orientação. É fundamental que a mulher se informe e prepare-se para amamentar com sucesso. Se a mulher tiver preparado o bico do seio, a amamentação poderá ocorrer com mais facilidade.

No que se refere ao aspecto psicológico da amamentação, a participação do companheiro é muito importante. Ele pode ajudar a manter o clima favorável para que a mulher possa amamentar. Pode levar água para ela durante a mamada, fazer o bebê arrotar, trocar fraldas, dar banho, dar o colo para a criança dormir e, antes, participar das aulas sobre amamentação, porque estando também bem informado pode ajudar a mãe a posicionar o bebê e observar se este está ou não fazendo a pega correta, o que evita que a mulher fique com o seio rachado e ferido.

A amamentação é fundamental para a saúde do bebê e também para o estabelecimento do vínculo mãe/bebê. Infelizmente, a má informação muitas vezes é um dos principais impedimentos ao sucesso da amamentação. Os casais que se preparam durante a gestação costumam amamentar com muito sucesso. Eles aprendem que:

- amamentar não dói. (Se doer é porque o bebê não está fazendo a pega corretamente.);
- não há mulheres que "não têm leite". (Se o bebê sugar e a mulher ingerir uma boa quantidade de líquido, o leite será produzido.);
- não existe leite fraco. (Toda mulher produz o leite ideal para seu bebê, mesmo que ela não esteja nas condições ideais de nutrição.);
- é fundamental haver um ambiente tranquilo para a mulher amamentar.

Caso não seja possível amamentar, o aleitamento materno pode ser feito com alimentação por mamadeira. Usar a mamadeira antes dos 4 meses pode ser difícil para a mãe, como se fosse um atestado de seu fracasso, e como se isso fosse trazer prejuízos irreparáveis no estabelecimento do vínculo com o bebê. Esta é mais uma ideia que se torna um peso na maternidade. A mamadeira pode ser uma boa solução em vários casos. É importante que a mãe reconheça seus limites afetivos e práticos (principalmente para as mães que trabalham ou que têm uma família muito numerosa), sem que isso se transforme em culpa ou reprovação.

Oferecer a mamadeira pode realmente deixar de ser um momento de aleitamento, quando a mãe passa a delegar essa função a terceiros, já que sua presença não é imprescindível como no caso do seio. A mãe poderia oferecer a mamadeira com as mesmas condições afetivas nas quais ofereceria o seio, ou seja, num clima de tranquilidade e com muito carinho. Em casos como este, o pai pode também "dar de mamar" (poderíamos falar até em "aleitamento paterno") e oferecer ao bebê tudo de que ele precisa: os nutrientes para o corpo e o alimento (afeto) para a alma.

> **Na prática, o cuidado com o filho concretiza o amor paterno.**

Amor platônico ou por envio de ondas mentais só satisfaz ao pai. O que a criança realmente sente, o que vai de fato fazer diferença para ela, é o contato físico, o abraço, o carinho que toca sua pele.

O bebê requer muitos cuidados. Ele tem ainda um comportamento estilo vegetal. Não consegue fazer nada sozinho. Tem força para sobreviver, mas depende totalmente de alguém que zele por ele: os animais cuidam instintivamente de suas crias, mas os humanos têm de educar seus filhos. Às vezes a mãe sente dificuldade em lidar com a criança. Acha-se incapaz, chora, morre de preocupação. Quando esses sofrimentos começam a prejudicar sua vida, pode estar apresentando um quadro de depressão pós-parto, que é tratado com remédios e psicoterapia e não deixa sequelas. Portanto, se a tristeza for além do esperado, é melhor buscar auxílio médico.

A rotina das mamadas

O bebê já nasce com capacidade de sucção. Dentro da barriga da mãe, ele é capaz de sugar o polegar. Depois do nascimento, esse é o reflexo responsável pela alimentação. Para mamar, ele deve ser ativo. A mãe lhe oferece o seio, mas quem tem de sugar é ele.

O bebê logo aprende que o momento da mamada é extremamente prazeroso. Ele sacia a fome e ao mesmo tempo recebe o carinho e a atenção da pessoa que é, para ele, todo o seu mundo. Além disso, o ato de sugar lhe dá também um enorme prazer, uma grande tranquilidade.

Quando o bebê chora, está se comunicando. Pode estar com fome, com a fralda suja, sentindo frio ou calor ou simplesmente querendo o aconchego de um colinho. É a mãe que vai ensiná-lo a diferenciar essas sensações. Se a mãe oferece o peito a cada choro do bebê, estará sinalizando que todo desconforto deve ser resolvido daquela maneira, mas, como nem sempre o bebê está com fome, ele começará a usar o peito da mãe para acalmar-se de quaisquer desconfortos.

Por ser a sucção um reflexo familiar desde o útero e por estar associada a um momento de carinho, é natural que o bebê se acalme ao usar o seio da mãe como chupeta, mesmo que a causa do desconforto não seja a fome. É nesse momento que a mãe começa a impor limites, educando o instinto biológico da fome. A mãe deve estabelecer intervalos de mais ou menos 3 horas entre uma mamada e outra e, conforme o bebê for crescendo, se possível, aumentar o intervalo para 4 horas durante o dia e 6 à noite.

> **Ninguém deve ser massacrado pelo relógio, na tirania das mamadas, nem deixar que o processo corra solto, sem nenhum critério.**

Ao estabelecer os intervalos entre as mamadas, a mãe respeita o ritmo biológico do bebê. Assim, aos poucos, ele irá organizando a leitura automática da própria necessidade e aprendendo a lidar com o ciclo fome/saciedade.

Limites devem ser estabelecidos pela mãe também no momento da mamada. Ela não deve esperar que o bebê largue sozinho o seio, porque, mesmo quando já está saciado, ele pode querer permanecer agarrado só pelo prazer de sugar. Muitas vezes a mãe precisa ensinar o bebê a mamar (não a sugar, porque isso ele já sabe); deve ensinar que aquele momento é para alimentar. O carinho, a atenção, o prazer também fazem parte do momento, mas o objetivo daquele instante é a alimentação.

Quando a mãe percebe que o bebê não está mais sugando com eficiência, e ainda não mamou o suficiente, deve estimulá-lo: mexer em seus pezinhos, falar e até mesmo tirar dele uma peça de roupa para evitar que ele se aqueça demais, o que acaba favorecendo o sono durante a mamada.

Além disso, pode fixar um tempo máximo para que ele permaneça no seio. Esse limite o próprio bebê ajudará a estabelecer. Há aqueles que sugam com muita eficiência, e 10 a 15 minutos em cada seio pode ser suficiente; e há os que sugam mais devagar e podem precisar de 25 a 30 minutos em cada seio.

Quando o bebê suga com eficiência, a mãe dificilmente corre o risco de ter rachaduras nos seios. Na maioria dos casos em que a mãe fica com os bicos rachados, e até mesmo feridos, isso ocorre porque o bebê permanece no seio além do tempo necessário para se alimentar e o usa como chupeta.

> **A maior manifestação de saciedade de um bebê é seu sono tranquilo.**

Às vezes, é mais fácil oferecer o peito ou a mamadeira do que investigar a causa do choro. Com o tempo, o próprio bebê aprende a emitir o choro que representa fome. Se for agradado pela boca, pode não superar o problema e querer "comer" a qualquer hora. Atenção: usar a comida para passar o nervosismo pode estar começando já nessas primeiras mamadas!

Um bebê satisfeito é como um instinto saciado: fica dormindo.

Paz para a criança dormir

A criança deve ter seu sono respeitado. Não é porque o pai ou a mãe chegou da rua que deve ou pode pegá-la. Deve esperar que ela acorde e depois ajudar a cuidar dela enquanto estiver acordada.

Criança não é um brinquedo que os pais "ligam" quando têm vontade (ou para vê-la acordada, já que ficaram o dia todo fora) e "desligam" quando se cansam dela. Essas atitudes tomadas com uma criança com sono prejudicam-lhe tremendamente no seu ritmo do sono. Da mesma forma, não há por que acordá-la, pegá-la e passá-la de colo em colo só porque chegou visita, como se os pais quisessem exibir o "brinquedo novo".

É bom que os pais saibam que o bebê se mexe durante o sono, às vezes geme e até acorda, sem estar sofrendo. No entanto, se ninguém correr a pegá-lo, em poucos segundos ele volta a dormir. Portanto, por mais que alguém insista em pegá-la, não vale a pena prejudicar a criança, tomando-a no colo toda vez que ela acorda de madrugada.

Criança que dorme bem é mais feliz porque não sofre com a irritação de ter sono. É também mais independente. Quando chega o sono, ela se entrega e dorme onde estiver, seja num restaurante, seja numa festinha, seja com visitas em casa. Para isso, a criança tem que aprender a dormir sozinha. Não deve cair no sono porque "alguém" canta, embala, dá tapinhas, faz cafuné ou simplesmente fica ali esperando que ela durma. Tudo isso mostra que a criança depende de outra pessoa para dormir. Entretanto, não é correto darmos o nome de insônia infantil a essa resistência, pois 98% delas adquiriram esse mau costume dos adultos à sua volta, que não respeitaram a naturalidade do seu sono[2].

Onde o bebê deve dormir?

Esta é uma pergunta que ouço muito em minhas palestras. Na cama dos pais? Numa cama separada? Num quarto separado? Sozinho? Acompanhado de um adulto?

Antes de tudo, é preciso fazer um levantamento das condições da família. Quando existe um quarto disponível só para o bebê, é preciso ter certeza de que seja possível perceber o que acontece com o recém-nascido lá dentro. Se as portas ficarem abertas, essa percepção é facilitada. Com a monitoração (transmissão de som e imagens através de aparelhos eletroeletrônicos), as portas podem ficar fechadas.

Mesmo que haja enfermeira, babá ou qualquer outra pessoa que possa dormir no quarto do bebê para atendê-lo, a criança deve pegar no sono sozinha, sem ninguém no quarto, pois a criança que precisa da presença de alguém para dormir irá chamar esse alguém se acordar de noite.

Se o quarto individual não for possível, nada impede que o bebê possa inicialmente dormir no quarto dos pais, mas o ideal, para a melhor formação dele, é que não seja na cama dos pais. Isso é importante também para o casal.

Mas, calma! Não é porque o filho nasceu e se separou do corpo da mãe que tem de se afastar totalmente dele. Nos primeiros meses, para facilitar as mamadas noturnas, é mais prático para a mãe que o bebê fique no quarto dormindo num carrinho, num cestinho ou num berço.

---

[2] Para saber mais, ler *Nana, nenê*, de Eduard Estivil & Sylvia de Béjar. São Paulo: Martins Fontes, 2004, p. 20 (N.E.).

> **O ideal é que o bebê aprenda desde cedo a dormir em seu lugar, mesmo sendo mais gostoso aninhar-se com os pais.**

Crianças maiores que já andam devem ter um lugar (ou quarto) próprio para dormir. Mesmo que muito ocasionalmente adormeçam na cama dos pais, é importante que sejam levadas para a cama onde acordam. Não devem adquirir o hábito de dormir na cama dos pais. O melhor mesmo é que, quase a dormir, sejam levadas ainda acordadas para a cama na qual devem acordar. Enquanto pai ou mãe leva a criança, deve ter paciência e falar claro, em bom tom, olhando no fundo dos olhinhos dela: "Cada coisa em seu lugar, cada pessoa na sua cama!". Quando a criança percebe que o limite é sério, ela procura se ajustar.

Ir cada um para sua cama oferece o sentido de que cada um tem seu território. Ajuda a compor o ritual do sono. E é preciso haver regras claras. A organização interna dos filhos fica muito prejudicada com a possibilidade (ou não) de dormir na cama dos pais. Se a criança tiver certeza de que vai ter de dormir na sua cama, que ela não tem escolha, o problema acaba. O berço deve ser um lugar em que a criança aprecia ficar, e não onde "sempre me largam sozinho".

Os pais podem deixar o filho no berço e brincar com ele ali mesmo, ensinando que é um lugar gostoso de estar. Quando o bebê acorda, não deve ser tirado imediatamente dali. Muitas vezes acorda bem, sem choro, mas os pais, por puro hábito, tiram-no logo do berço. Essa atitude acaba ensinando ao filho que berço é um lugar apenas para dormir. Dessa forma, quando ele acorda, começa a chorar para sair imediatamente dali.

Quando o bebê acordar, é importante que a mãe ou o pai se aproxime, fale e brinque com ele, deixe-o movimentar-se dentro do berço, e só então o pegue no colo. Assim, a criança está aprendendo a ser paciente quando acorda e a esperar quando não há ninguém por perto para pegá-la naquele exato momento.

> **A criança com autonomia de sono, que sabe esperar, é mais independente e feliz que uma irritada e ranzinza, que se recusa a dormir.**

Onipotência infantil para não dormir

É cada vez maior o número de pais que reclamam que os filhinhos se recusam a dormir. Analisando essas reclamações, notei que o problema maior está nos pais, pois, se estes estabelecem o "ritual do sono", os filhos dormem muito bem. Repetir não custa: o normal para uma criança é dormir sozinha, e o que não é normal é resistir a dormir.

Não era tão comum quanto hoje as crianças do passado terem tantas resistências para dormir; não havia internet, televisão no quarto, as *working-mothers* eram poucas, pais eram mais autoritários e distantes dos filhos, havia mais irmãos, as crianças não tinham tantas atividades e superestimulações e, sobretudo, havia a convicção de que "a noite é para nanar".

São muitas as causas que levam hoje uma criança a não querer dormir sozinha. Mesmo estando com sono, ela acha que tem "o direito" de fazer o que deseja, mesmo contrariando a sua fisiologia. Os pais geralmente alimentam estes "direitos" quando não a contrariam nos seus desejos inadequados nem a educam para as suas próprias necessidades fisiológicas. Portanto, se não quiser dormir sozinha quando está com sono, a criança demonstra uma falta de educação pela falta de limites à onipotência infantil – sensação da criança de poder controlar os pais, não importa que armas vai usar.

O recurso infantil mais comum é fazer os pais sentirem-se mal por não atenderem os pedidos dela. É muito difícil para os pais deixar de ceder aos pedidos da criança, principalmente pelo temor de não atender suas reais necessidades. Pode ser fingimento dela, mas... e se for verdade? Surgem, assim, as necessidades mais estapafúrdias e contraditórias: sede, fome, não dormir, chupeta, música, colo, ouvir histórias, calor, frio, fazer xixi, estar com medo, estar assustado, fazer birra, gritar, chorar, choramingar, ter dor de barriga – e a lista continua conforme a criatividade dela.

Quem dá forças a essa manipulação são os pais que tiram a criança do berço para atendê-la. Ou seja, alimentam a onipotência infantil. Nessa fase, ela aprende rapidinho as palavras que escravizam seus pais.

Todas estas necessidades ou vontades passam assim que se pega a criança no colo, que era o seu maior desejo. Os pais autorizam a criança a não dormir quando a tiram do berço. Assim, cada vez mais o filho *se fortalece*, e os pais ficam mais fracos: é ela que acaba mandando na família.

Na realidade, os pais acabam prejudicando a criança outorgando-lhe um poder que ela não tem competência para administrar. Cada vez mais, a criança aumenta seu sofrimento para dormir, e vai acabando com a vida dos pais, não só afetiva mas também profissionalmente. Porque ninguém consegue manter sua produtividade dormindo cada vez menos e pior.

Ritual do sono

Sono do dia

A ausência dos pais geralmente facilita à criança dormir de dia. Alguns cuidados devem ser tomados:

- Ambiente tranquilo dentro do que for possível, não eliminando totalmente a luz nem os ruídos para a criança sentir que é dia.
- Os adultos devem demonstrar tranquilidade, pois as crianças percebem muito mais as emoções deles do que o significado de suas palavras.

- Para qualquer sono (da manhã, da tarde ou da noite), a ansiedade, pressa, preocupação, impaciência dos pais são altamente prejudiciais. (Mil vezes melhor o "apressado" se despedir da criança dizendo que ele vai sair e ela fica para dormir do que ficar a atormentá-la para que ela durma depressa).
- É importante manter a sequência das atividades que precedem o sono: comer, brincar calmamente, verificar a fralda, a hora de dormir, manter o ritmo da casa sem tanto barulho etc. Ao perceber essas atividades, reforçadas com palavras carinhosas ditas tranquilamente, ela já mentaliza que está começando o ritual para dormir.

Sono da noite

São dois os tipos de cuidados a ser tomados: ritual para dormir e despertares noturnos.

a. Ritual para dormir:

- é importante ressaltar que a criança sente segurança na repetição, e a tranquilidade dela é absorvida da tranquilidade dos pais;
- cada família deve adequar o ritual às suas particularidades e possibilidades. Propor-se sacrifícios para que a criança durma é buscar o fracasso. Os pais têm que acreditar que o que estão fazendo é o melhor caminho para todos, e educar dá menos trabalho do que ter um filho mal-educado…;
- banho é uma atividade muito importante, agradável e única do dia, que também é relaxante. Para as que ficam agitadas com banho, banho curto nelas. Nada de muita farra, gritaria, brigas, brincadeiras taquicárdicas. Aproveitar para massagear suavemente com a toalha, fazer gracinhas macias;
- comida: se for possível, é ótimo que tenha sempre um lugar mais tranquilo para as mamadas, mas assim que ela puder sentar, deve-se colocar a criança com os adultos para que todos comam ao mesmo tempo. Podem até conversar com ela, mas não devem desviar a atenção da comida nem transformar a refeição em brincadeira. A criança aprende rapidinho o que os pais não querem, mas demora uma eternidade para aprender o que eles querem;
- comer no berço nunca é interessante, porém a mamadeira pode fazer parte do ritual para dormir. A educação pede que a criança aprenda que hora de comer é para comer, hora de dormir é para dormir e hora de brincar é para brincar… A regularidade dá segurança para a criança;
- namoro: é a hora de o adulto dedicar-se à criança de qualquer idade para as doces coisas boas da vida, como cantarolar, ler historinhas, assistir à televisão etc. Tudo para facilitar a chegada do esperado sono;

- *checklist* do bem-estar: pijaminha confortável, ingestão leve de líquidos e sólidos, fraldas limpas e secas, dentes escovados, banheiro visitado; verificar dificultadores do sono, como luz, som, movimentos etc. Tudo de que precisa para dormir sozinho já está no berço (mamadeira com água, brinquedos preferidos, chupetas espalhadas para serem facilmente encontradas)?;

- relaxar o corpo: um carinho suave, que começa dos ombros para os braços, da barriga para as pernas, anunciado, em voz de "hipnotizador" – lenta, suave e monótona –, um pedaço do corpo de cada vez: "Vamos deixar molinho o ombro, o braço, as mãos, jogando o acordado para fora, e agora deixar molinho o outro braço". "Agora vamos deixar molinhas as pernas, começando por esta, assim, e agora a outra perna. Agora deixe molinhas as orelhas (cuidado para não fazer cócegas e interromper o processo); os cabelos, e por último os olhos (tocando suavemente as pálpebras para se fecharem)". Com as pálpebras fechadas, pousar com os dedos um beijo suave que ela aceite sem ter que se mexer muito;

- despedir-se da criança e de todos os seus brinquedos que ficarão no berço: bom sono, ou durma com os anjos, ou boa noite, ou qualquer outro cumprimento de palavras para dizer já se afastando do berço. É a senha para o adulto comunicar que já está saindo do quarto para a criança dormir sozinha.

b. despertares noturnos:

É importante entender que a criança acorda várias vezes por noite, se mexe, mas nem sempre desperta. Mesmo despertando, tem ela que aprender que deve dormir outra vez. Se nenhum adulto entrar no quarto, ou conversar com ela, ou pegá-la no colo, ela rapidamente dorme outra vez.

Há adultos ansiosos e desorientados que prejudicam o sono, despertando a criança cada vez que ela semiacorda. Prejudicam não só a si mesmos, mas principalmente a criança, que precisará outra vez do ritual para dormir.

Papai ajuda mamãe

Cada vez mais tem ficado clara a importância da participação do pai na vida dos filhos, na educação e até na gravidez, mas existe um fato inegável: maternidade é diferente de paternidade. É a mulher que gesta, dá à luz e amamenta, portanto é natural que seu envolvimento na situação acabe sendo maior (e também mais cansativo). Nesse momento a atitude do pai será fazer realmente a parte que lhe cabe.

Um dos grandes problemas da maternidade é a falta de sono da mãe, a impossibilidade de dormir bem. Quando a criança nasce, sua mãe passa a não dormir direito, o que esgota o cérebro. Daí afloram dificuldades e doenças que deveriam estar protegidas pelo sono, que é o grande reparador do cérebro.

Até por volta do sétimo mês de gravidez, a maioria das mulheres dorme oito ou mais horas por noite, fora as cochiladas durante o dia. Quando a gravidez vai chegando ao fim, grande parte das gestantes passa a ter dificuldades para dormir. Sono não falta, mas não é fácil acomodar-se na cama, encontrar uma posição confortável. Muitas vezes, a ansiedade vai aumentando com a aproximação da data provável do parto, tumultuando as noites de sono. A futura mamãe já está ensaiando para o que virá a seguir. Durante muito tempo não dormirá mais que quatro horas seguidas. Imediatamente após o parto, a mãe fica tão ligada ao bebê que nem dorme direito. Seu sono agora é descontínuo, portanto pouco reparador.

O marido pode colaborar muito com a mulher na difícil fase pós-parto, período que se estende por cerca de seis meses após o nascimento. O apoio e a compreensão são fundamentais tanto para benefício do casal como do bebê. A chegada do bebê traz muitas transformações à vida do casal, principalmente à da mulher – e é normal que isso gere desequilíbrios.

Um argumento muito usado pelo pai não integrado – para não participar nem ajudar a mulher – é que terá de levantar cedo para trabalhar na manhã seguinte. Alguns homens se propõem a dormir na poltrona da sala ou em outro quarto. Isso, no entanto, pouco serve de ajuda à mulher. Outros despertam com o choro do bebê, mas, em vez de levantar-se para atendê-lo, preferem acordar a mulher para que ela mesma vá ver o filho. Um marido não integrado só agrava os problemas da mulher com o bebê. Seu esforço de integração com a mulher é um gesto de amor que a ajuda muito a todos nesse período.

Hora da papinha

Um dos primeiros desafios da criança com o ambiente acontece quando ela começa a ser alimentada. Enquanto ela apenas mama (ou no seio ou na mamadeira), são os cuidadores que levam o alimento a ela. Agora, ela estará diante de um início de aprendizado de um processo que culminará na autonomia para se alimentar.

O ideal seria que o bebê mamasse exclusivamente no seio até o sexto mês e só então fossem introduzidos, aos poucos, a papinha e outros alimentos. Isso porque é a partir do sexto mês que seu aparelho digestivo fica mais maduro, diminuindo o risco de cólicas na introdução de novos alimentos. Infelizmente, amamentar é possível para apenas 30% das mulheres, muitas vezes por razões profissionais, ou por má orientação sobre amamentação.

No começo, a criança não sabe comer. Comer é um de seus primeiros gestos ativos, muito diferente de mamar com mamadeira ou no seio, o que preenche toda a boca. Tudo é estranho para ela: a textura, a temperatura e o sabor. Comer exige da criança um esforço neuropsicomotor que não depende da vontade dela ou da capacidade do adulto, mas sim do seu ritmo de desenvolvimento. Se o adulto que a acompanha nesses momentos a estimular com paciência e insistência estará favorecendo seu desenvolvimento. Inicialmente a reação instintiva do bebê é tentar sugar a colherinha. Só aos poucos vai descobrindo como funciona o ato de comer. É uma fase de socialização elementar. Ele aprende coisas que mais tarde terá de fazer sozinho.

> **A grande vantagem de o ser humano nascer sem saber nada é que pode aprender tudo.**

Os primeiros professores de um bebê são as pessoas que lhe oferecem cuidados. É com elas que ele cria seus primeiros vínculos. A troca constante de cuidadores gera ansiedade e dificulta a formação de vínculos, que são o caminho por onde passa o amor dos pais. O amor que chega ao bebê já começa a compor uma parte importante de sua autoestima. E um dos principais componentes da felicidade, como sabemos, é a autoestima.

Tudo vai para o chão

O dia a dia do bebê é cheio de surpresas. A cada dia ele aparece com mais uma conquista. Seu desenvolvimento neuropsicomotor vai lhe propiciando novas habilidades, que ele testa com os objetos e as pessoas que o cercam.

Primeiro o bebê segura os objetos, depois movimenta as mãos e rapidamente passa a arremessar os brinquedos para longe. O próximo passo será jogar a comida lá do alto do cadeirão.

Se os pais recolhem tudo o que a criança joga acabam entrando numa brincadeira bastante divertida para o bebê e bastante cansativa para os adultos. Para o bebê, jogar e obter de volta é uma maneira de conhecer o mundo. Faz parte de seu desenvolvimento.

Nas primeiras vezes, a criança não deve levar bronca por jogar a comida no chão, mas também não deve ser estimulada a transformar aquilo num divertido jogo de pais-gandulas. Deve ser explicado que aquele não é um comportamento aceitável.

Quando esse comportamento arremessador não é estimulado, tende a desaparecer com o desenvolvimento. Um de seus primeiros aprendizados em relação à alimentação é: hora de comer não é hora de brincar.

A alimentação deve ser, para a criança, um momento gostoso, mas o prazer deve vir da convivência familiar durante a refeição, e não das brincadeiras com a comida.

Tendo consciência de que esse é um momento do desenvolvimento e não uma tentativa precoce de desafiar ou desobedecer aos pais, eles poderão lidar com essa situação de forma bem mais tranquila. Cansativa com certeza, porém mais tranquila.

> **O bebê conhece o mundo experimentando, fazendo, testando.**

Assim como em diversos outros aspectos, o aprendizado ocorrerá aos poucos. É necessário persistência e paciência.

O início da formação da autoestima

Para aprender a não jogar a comida, a criança precisa antes aprender o sentido do "não" – o que não acontece de uma hora para outra. As reações dos pais ensinam a criança a distinguir o "sim" do "não". Quando a criança brinca em seu quarto, faz gracinhas, os pais riem e brincam junto. Isso é um "sim". Quando está no cadeirão e tenta fazer o mesmo, os pais devem olhar para ela com expressão séria e dizer "não". Não é uma bronca nem deve soar como se fosse; é apenas um ensinamento. A criança fica muito alegre quando brinca e interage; sua autoestima melhora, é verdade. Mas nem por isso a autoestima diminui ao ouvir um "não".

O "sim" e o "não" estabelecem limites para a criança, que aprende o que pode e o que não pode fazer. O que a prejudica é repreendê-la por algo que ainda não sabia que não podia fazer. Nunca poder fazer algo é ruim, mas poder sempre também não é bom. O "sim" só faz sentido se existe o "não".

Saber a diferença entre "sim" e "não" confere à criança poder de decisão sobre suas escolhas, poder que alimenta sua autoestima. Portanto, nem o "não" nem o "sim" traumatizam a criança, mas o mau uso dessas palavras.

> **Felicidade não é fazer tudo o que se tem vontade de fazer, mas ficar feliz com o que se está fazendo.**

Muitos pais dão alegria, segurança, proteção e saciedade aos filhos, acreditando que assim os tornam felizes. Ninguém dá felicidade a ninguém. Se os filhos acreditarem que são felizes com o que ganham dos pais, estarão confundindo a verdadeira felicidade com a saciedade.

Saciedade é uma satisfação passageira, porque preenche uma vontade, ou uma necessidade, momentaneamente, para logo dar lugar à insatisfação. É o caso da fome, de um brinquedo, da droga ou do consumo da moda, que, mesmo saciados, logo voltam à insaciedade. É a alegria esfuziante e radiante que surge quando se ganha um presente (ou quando se usam drogas); mas, quando a alegria seguinte não vem, a pessoa cai numa furiosa birra – ou em depressão, se não obtiver a próxima dose. Quem tem acessos de birra ou depressão não pode ser feliz.

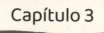

Capítulo 3

Filhos não nascem com manual

Um dos argumentos a que muitos pais e mães se apegam para justificar a dificuldade de educar os filhos é o de que estes não vêm com manual.

Talvez imaginem que seriam melhores pais e mães se tivessem um manual que lhes indicasse o que deve ser feito com o filho a cada momento. Acredito que ainda não se escreveu tal manual. Afinal, como as particularidades de cada um dos milhões de filhos existentes no mundo poderiam caber em regras preestabelecidas por alguém?

> **Filho não nasce com manual, pois é ele o próprio manual.**

Tempos atrás, as pessoas não ligavam um aparelho elétrico enquanto não tivessem lido todo o manual. Os mais ousados se arriscavam a ligar o aparelho, mas já com o manual do lado para ir fazendo tudo o que ele recomendasse. Hoje, é raro um jovem ler todo o manual antes de mexer no telefone celular ou nos videogames por exemplo. Ele aprende a mexer na prática, simplesmente mexendo.

Embora os jovens também aprendam a usar a internet simplesmente usando-a, precisam adquirir alguns conhecimentos básicos, como saber o que são e como funcionam o e-mail, o provedor, os sites, orkut®, blogs, YouTube®, Second life®, Wikipédia® etc.

Os pais podem compreender muito os próprios filhos relacionando-se com eles. Precisam também adquirir os conhecimentos básicos do relacionamento com os filhos, aprender a linguagem deles. Não é travestir-se de adolescente no comportamento, no vocabulário ou nas vestes, mas é aprender com o diferente.

Quando um jovem está navegando na internet e depara com algo que desconhece, tem a chance de pesquisar. Já os pais, ao serem pegos de surpresa por muitas situações provocadas pelos filhos, não se dão a chance de dizer "espere um pouquinho aí, filho, enquanto pesquiso como agir com você".

Conforme as reações dos pais, os filhos também escrevem o manual de relacionamento com os pais – ou seja, todos aprendem pela convivência como cada um é, e isto não está escrito previamente em manual algum.

Novas bases relacionais

Este procedimento vale para todo relacionamento entre pessoas de qualquer idade, mas tem fundamental importância na formação da autoestima se aplicado pelos pais desde que a criança nasce. Para o Atendimento integral a uma criança, são necessários cinco passos:

- Parar. Parar o que estiver fazendo ou pensando e dar atenção total à criança. Caso não possa parar naquele exato momento, vale colocar uma das mãos no ombro da criança enquanto diz que logo vai atendê-la. A criança deve ficar esperando ali, juntinho de você. Pode ser que ela queira sair para voltar logo depois. Se a iniciativa de sair for da criança, a responsabilidade de voltar será dela. Mas deve-se evitar ao máximo dizer para a criança ocupar-se com outra coisa enquanto você termina o que está fazendo.

Nem sempre ela volta outra vez pelo mesmo motivo. É também fundamental deixar de lado ideias preconcebidas sobre o que a criança vai falar. Se você pensa "lá vem aquele chato me encher outra vez!", seu cérebro já está preenchido em parte com esse pensamento e você perde a chance de atendê-la integralmente.

- Ouvir. É a parte racional. Os pais devem olhar no fundo dos olhos da criança, como se a ouvissem com os olhos. A criança precisa aprender a se expressar. Não se deve tentar adivinhar o que ela quer. Quando ela pede alguma coisa, está desenvolvendo sua capacidade de pensar, de formular uma pergunta e de se expressar para que outras pessoas possam compreendê-la. Essa competência comunicacional lhe será útil pelo resto da vida.
- Olhar. É a parte instintiva. Num piscar de olhos, uma pessoa consegue perceber um universo que agrega significados à fala que chegou.
- Pensar. Todos os elementos percebidos, tanto visualmente quanto verbalmente, mais o sentido educativo que se queira imprimir na formação da criança, devem fazer parte da resposta a ser dada. É quando entra a parte racional da educação pela Cidadania Familiar. É importante que as ações sejam éticas e direcionadas para o bem, sem fazer mal a ninguém. Aqui a criança já começa a aprender a não ser totalmente egoísta. O educador tem de estar ciente de que é esse um momento dos mais sagrados em que o educando vai prestar atenção no que ele comunicar verbal ou extraverbalmente. Faz bem à autoestima da criança saber que mereceu todo esse cuidado. Quanto mais ela conseguir realizar seu pedido, tanto mais competente ela vai se sentir – o que aumenta sua autoestima. Portanto, não se deve demonstrar desinteresse, pressa, incômodo de interromper o que estava fazendo. Um atendimento bem-feito vale muito mais do que depois ficar o dia inteiro tentando agradar à criança.
- Agir. Essa ação ou resposta deve ser bem clara, objetiva e ética. Avalie se a resposta vai ser melhor para o futuro dela ou é só uma maneira de descartar a criança, ou seja, de alívio do educador.

Pode ser que a mãe e o pai achem muito complicado responder dessa maneira cada vez que seus dois ou três filhos os atropelarem com perguntas. Em palestras, eu brinco dizendo que, quando alguém está aprendendo a escrever, escreve com a língua, isto é, para movimentar a mão que segura o lápis ele mexe a língua simultaneamente ou vai falando em voz alta o que está escrevendo. Depois de muita prática, adquire uma escrita "tão hábil" como a de um médico, ou seja, só o farmacêutico entende... Da mesma forma, quem atende a uma criança tem sua ação integradora aumentada com a prática.

> **Respostas ou ações impulsivas servem mais ao educador que à criança.**

Esse procedimento vai ganhando particularidades ao longo dos anos, as quais comprovam que, por mais filhos que o casal tenha, cada um deles reage e pode ser atendido como filho único.

Um filho não morre por esperar um pouco. Logo, não há necessidade de largar tudo e sair correndo para acudi-lo. A criança será mais imediatista quanto mais imediatistas forem os pais. Nesse caso, não aprende a distinção entre o essencial e o supérfluo.

Filhos fazem *pit stop*

Desde pequeninas as crianças podem ser comparadas a carros de corrida. Vivem correndo em volta ou próximo dos pais e fazem *pit stops* quando precisam abastecer-se de cuidados, carinhos, beijinhos, ser ouvidas, ser vistas etc.

É nos *pit stops* que os pais devem aproveitar para praticar o Atendimento integral e seus cinco passos (p. 136 e 137). O que acontece quando um piloto para no *pit stop* e os mecânicos estão ocupados com outro carro, ou quando o piloto não diz qual é a falha a ser corrigida? E se os mecânicos tiverem que adivinhar o que o carro precisa? Quanto melhor for o atendimento, menos tempo a criança ficará parada no boxe. Com a experiência acumulada, os *pit stops* vão diminuindo na mesma proporção em que aumenta a autoestima da criança. A autoestima e a competência vão sustentá-la cada vez mais, fazendo-a dar voltas cada vez maiores, mais eficientes e mais demoradas.

> **Quanto maiores a autoestima e a capacitação para a superação de obstáculos, maior será a autonomia dos filhos.**

Quanto maior o tempo parado no boxe, maior a encrenca do carro. Quanto mais os filhos solicitam a atenção dos pais, maiores são as carências. Quando os pais não deixam as crianças brincar nem correr em paz como só elas conseguem, é como se não deixassem o carro andar pela pista. Não se admite que um carro de corrida ande somente acompanhado de perto pela oficina e pelos mecânicos.

Com o crescimento, as voltas vão se tornando maiores, até que chega a adolescência e os filhos passam a circular em território próprio. Os pais não acompanham mais os próximos percursos, e quem os atende nos *pit stops* é a sociedade. Ela não perdoa aos perdedores, aos que não dão o melhor de si, aos que não fazem mais do que lhes é pedido. A estes, os *pit stops* são sedutores para atraí-los, mas cruéis para libertá-los.

Quanto melhor for a autoestima e a educação, menos os filhos aceitarão parar nesses *pit stops* ruins para a qualidade de vida.

O desafio de educar

Educar não é deixar a criança fazer só o que quer (ou seja, buscar a saciedade). Educar dá mais trabalho do que simplesmente cuidar dela porque é prepará-la para a vida. A vida da criança é regida pela vontade de brincar, de fazer algo. A cada movimento, está descobrindo a vida e os valores, num processo natural de aprendizagem.

Construir uma casa é muito mais fácil do que reformá-la. Reformar, no caso de um filho, seria o mesmo que sempre dizer "não" para algo que ele já fez muitas vezes. O melhor é ensinar aos poucos.

Quando quer fazer alguma coisa, a criança observa a reação dos pais; se ouvir um "não", insiste. Quer testar se o que dizem é mesmo para valer – até incorporar a regra. Leva algum tempo, mas ela aprende. Então aquele critério de valor passa a fazer parte dela.

É interessante notar como, desde tenra idade, a simples repressão já não funciona. É preciso estabelecer uma diferença ao incentivar o comportamento certo. A simples aprovação é uma recompensa para a criança, como o silêncio é uma permissão.

Quando já adquiriu movimentos próprios, a criança precisa aprender o que pode e o que não pode fazer. Ao caminhar, tem de saber que convém desviar-se da mesa e da cadeira.

E, quando a criança cair no chão, os adultos não precisam sair correndo, desesperados para socorrê-la, a menos que se machuque seriamente. É importante avaliar o que aconteceu de fato. Por estranhar a situação, a criança pode chorar sem nem mesmo estar sentindo dor. Use o método, "pare, escute, olhe, pense e aja!".

E pode nem ter sido um tombo. Crianças pequenas costumam cair por não saber parar. Ficam de pé, andam, disparam, mas não sabem como brecar. Então, jogam-se no chão para parar. E a mãe e o pai correm a acudir, pensando que foi uma queda perigosa.

Elas têm de aprender que podiam não ter caído ou esbarrado na mesa. Não foi o chão nem a mesa que as derrubou. O tapinha que os pais dão na mesa – "Mesa feia!" – passa a ideia equivocada de que o agrado é que tira a dor e dá a falsa sensação de que a criança está certa. O filho está sempre certo, e o errado é o outro, a mesa, o professor, o mundo?

> **A afobação e a reação exagerada dos pais geram insegurança na criança.**

Também não é educativo que se limpe o caminho da criança, tirando-se mesas, cadeiras e tudo o que for preciso para que ela não se machuque. Talvez ela se choque uma ou duas vezes contra a mesa, mas aprenderá a ter cuidado.

Nas voltinhas futuras e maiores que os filhos vão dar, na escola por exemplo, os pais não poderão dizer "escola feia!" cada vez que eles não se saírem bem. Na adolescência, as voltinhas sociais serão ainda maiores, longe da vista dos pais, que não poderão dizer que "os errados são suas más companhias". Quando seus *pit stops* em casa já não lhes satisfizerem, os filhos farão paradas em outros lugares. Então dependerão muito mais do que têm dentro de si e do que a sociedade lhes oferece.

Tudo vai à boca

Assim que nasce, o bebê recebe a vida biológica pela boca e o carinho pelo corpo. Quando começa a demonstrar mais iniciativa e perceber o mundo em volta, passa a esticar os braços em direção ao que deseja. O próximo passo será levar o que deseja à boca, que, durante o primeiro ano, continua sendo um de seus principais meios de conhecer o mundo.

Se o bebê não gosta do sabor de algum objeto que põe na boca, na próxima vez já o identifica como algo ruim e o rejeita, mesmo que a mãe insista. Ele está adquirindo um tipo de conhecimento a ser respeitado.

Quando começa a engatinhar, aumenta seu alcance ao mundo, aumentando também as chances de colocar na boca tudo o que encontra pela frente. É importante que os pais fiquem atentos. Se o bebê pôs na boca algo que não devia (bichinhos, insetinhos, madeirinhas, pilhas, tampinhas, preguinhos e tantos "inhos" mais que ele conseguir), os pais devem ser firmes, mas não bravos nem violentos, ao dizer "Caca!". Em seguida, devem pegar o objeto perigoso e jogá-lo no lixo. Assim, o bebê está não só aprendendo a não pôr "caca" na boca, mas também a jogá-la no lixo.

Reis e rainhas mirins

A vontade de agradar a uma criança é natural. Ocorre em quase todas as espécies animais. Nasce um filhotinho, e todo o bando corre a dar uma cheirada. Gente é mais curiosa ainda. Gosta de pegar, agradar, brincar, cutucar.

Mas há uma diferença básica entre os outros seres humanos e os pais. Estes têm de saber se o que estão fazendo é educativo ou não. Não costuma ser nada fácil para um pai ou uma mãe receber críticas de outras pessoas sobre o modo como educam os filhos. Mas, se costumam atender todas as vontades da criança, ela provavelmente agirá de acordo com as suas vontades, qualquer que seja o contexto.

Nessas situações, os pais acabam recebendo críticas silenciosas através de olhares recriminadores e comentários do tipo: "Ai, que criança mal-educada!". Em geral, esses olhares vêm daqueles que não têm filhos pequenos no momento e que, se um dia os tiveram, parece então que nunca passaram por situações constrangedoras com os filhos. Mesmo as crianças mais educadas tentam impor suas vontades, mas apenas as mal-educadas mantêm esse comportamento.

Há pais que se orgulham do que o filho faz, não importa o que seja. Se ele resiste ao "não", chegam a manifestar uma ponta de orgulho: "Esse garoto tem personalidade! Vai ser um verdadeiro líder!".

> **Alguns pais preferem distorcer a realidade para manter a inadequação do filho. Para poupá-lo, jogam a culpa nos outros.**

Se o filho caiu, deveria ter tomado mais cuidado. Mas não, para certo tipo de pai o chão é que estava escorregadio (o que pode até ser verdade, mas é o filho que deve ser cuidadoso e não o chão).

Os pais devem prestar atenção às suas reações, pois o filho provavelmente irá copiá-las. Assim, se entram em pânico porque o filho de 1 ano caiu sentado, quando ele cair outra vez poderá chorar. Mas, se os pais encararem naturalmente o ato de cair sentado, na próxima vez que cair, o filho poderá levantar-se sozinho e continuar sua "corrida".

Em situações de briga entre irmãos, há pais que fingem bater no maior para que o menor tenha a sensação de que foi vingado. Essa é uma das maneiras de perpetuar a violência com a lei do mais forte, com o machismo.

Futuramente, esses pais que alimentam a inadequação dos filhos dirão ao diretor da escola: "Mas qual é o problema de o meu filho não usar uniforme?" ou "Qual é o problema de ele chegar atrasado todo dia se tira notas boas?". Nessa frase fica implícita a mensagem: "Quem tem dinheiro pode tudo", o que não deixa de ser também a lei do mais forte (no caso, o mais endinheirado).

Infelizmente, esse tipo de pai tenta mudar a escola para que ela também aceite a inadequação de seus filhos. Filhos que eles, pais, não souberam educar. Como podem mudar algo no âmbito social quando os filhos estão assim tão fora de seu alcance?

Mas pagarão o preço. Pelo ciclo natural da vida, os pais jovens são poderosos. Amanhã, fragilizados pela velhice, vão depender desses filhos que nunca aceitaram as regras da vida. Terão os filhos condições de cuidar dos próprios pais que tanto cuidaram deles?

Pais que deixam o filho ganhar o jogo

As crianças têm uma sabedoria natural. Brincam e competem de acordo com os conhecimentos e as capacitações de que dispõem.

Ao jogar com os filhos, alguns pais deixam que os filhos vençam ou facilitam as regras. Esta atitude pode parecer protetora, mas dá à criança uma visão irreal do que é jogar. Ganha-se algumas vezes, perde-se outras.

Deixar que o filho vença sempre é também uma forma de evitar a frustração. Os pais podem ter dificuldade em ver o filho frustrado, sofrer com isso, ou podem não saber lidar com a reação que o filho costuma ter diante das frustrações. Além de distorcer a realidade, os pais estão perdendo uma importante oportunidade de trabalhar com os filhos questão fundamental para seu desenvolvimento, a resiliência, que é a capacidade de lidar com as frustrações sem se desestruturar psicologicamente.

Para ensinar a noção real, o perder e o ganhar, é aconselhável que os pais escolham ora atividades em que são bons, ora atividades em que o filho é melhor. O pai joga damas como ninguém. E o filho sai perdendo. Parabéns para o pai! Num videogame, o filho ganha e o pai perde. Parabéns para o filho! Assim se aprende que as pessoas são boas em algumas coisas, mas não em tudo.

> **Algumas mães e alguns pais fazem de tudo para agradar a seus filhos, mesmo que, com isso, os deseduquem.**

Colocar o filho no colo enquanto dirigem o carro é um mau exemplo. A criança segura o volante e tem a falsa sensação de que está no comando do veículo. Este é um poder irreal. Não corresponde à verdade. Além disso, esses pais estão infringindo a lei, ensinando isso à criança mesmo que não tenham essa intenção.

Se ela dirige um carrinho de brinquedo, sente-se poderosa com toda a razão, mas no colo dos pais a sensação de poder é falsa, pois dirigir ainda é inviável para o filho. Além disso, os pais estão expondo a criança a um sério risco, caso haja um choque frontal, no qual a criança pode ser esmagada entre o pai e o volante ou ser espremida pelo *air bag*. Acidentes são imprevisíveis e nem sempre dependem dos cuidados dos pais. Pesquisas mostram que uma porcentagem enorme de acidentes (e assaltos) acontecem perto de casa, quando o motorista está menos alerta porque se sente mais seguro.

Esse filho, que começou a "dirigir" tão cedo no colo dos pais, irá crescer e com 14 ou 15 anos pedirá para sair com o carro do pai. Por que não, se quando criança podia?

O prazer de estar limpinho...

É muito comum mães e pais comentarem a dificuldade de fazer o filho escovar os dentes ou tomar banho. As crianças sentem grande prazer de entrar em contato com a água. Os pais devem usar essa característica para estimular o banho e mostrar como é gostoso ficar limpinho.

Por ser obrigatório e diário, o banho não deve tornar-se chato. Se a pessoa que dá banho o faz com pressa, por pura obrigação, certamente a criança não achará esse momento prazeroso.

Se a criança é maior e já encara o banho com maus olhos, os pais deverão se dedicar um pouco a esse assunto. No fim de semana ou nas férias, com tempo e paciência, devem mostrar como o banho pode ser um momento agradável. Ensinar isso ao filho num momento de pressa, quando o pai ou a mãe já está em cima da hora de ir trabalhar, é praticamente impossível. Depois que o banho for visto como algo agradável, será mais fácil ensinar o "banho corrido de cada dia".

> **Muito educativo é ensinar a criança a tomar o "banho corrido de cada dia" e um "banho comprido no fim de semana".**

Um momento importante é aprender a tomar banho sozinho, o que pode começar por volta dos 3 anos de idade. Nesse momento, mais do que nunca, é necessário ter paciência e tranquilidade. É muito mais fácil dar banho numa criança do que ensiná-la a tomar banho por si mesma. Os passos serão dados aos poucos e só depois de alguns anos é que ela poderá tomar banho realmente sozinha (mas ainda com supervisão de um adulto).

A criança fica satisfeita quando consegue tomar banho sozinha. É importante dar-lhe liberdade de se ensaboar e apenas ir guiando seus passos – "Não esqueça atrás da orelha... Limpou a sola dos pés?".

É também preciso estabelecer um prazo no chuveiro. Do contrário, o filho só fica brincando e não toma banho. Não dá para decretar: "Agora chega; saia e ponto final". Facilita muito quando o adulto avisa alguns minutos antes de o tempo se esgotar. Ao entrar no banheiro para tirá-lo do banho, dê ainda alguns segundos para que ele finalize o que está fazendo (contando até 3, por exemplo, não como ameaça, mas como segundos a mais).

O limite de tempo é importante. O filho terá que aprender que há o prazeroso do banho (brincar) e o necessário (lavar-se), que pode ou não ser prazeroso para ele. O necessário é prioritário, o lazer do banho virá se for possível.

...e com os dentes branquinhos!

Com relação à limpeza dos dentes, o procedimento pode ser o mesmo: ensinar a criança desde cedo a ter esse hábito saudável. Existem mães que se mostram ótimas "escovadeiras" até o filho completar 20 aninhos. Há as que fazem verdadeiras faxinas cada vez que a criança come alguma coisa. Mas as menos educativas são aquelas que fazem as faxinas apenas no dia de visita ao dentista.

Desde pequenos, a mãe e o pai devem ir mostrando como usar a escova e também o fio dental. Antes dos 5 ou 6 anos, será difícil para a criança fazer tudo sozinha porque não tem a coordenação motora para fazê-lo bem-feito. Mas já pode começar a aprender. É escovando os dentes sozinha que ela aprende. Quem sabe escovar aprendeu escovando. A escovação noturna, que costuma ser a principal, aquela à qual os pais costumam estar presentes, pode ser dividida em duas etapas: na primeira a criança escova da melhor maneira que consegue, e na segunda o pai ou a mãe dá o acabamento. É importante ressaltar para o filho que os pais fazem a segunda etapa sempre; não é porque o filho não seja capaz de fazê-lo, ele faz o que pode para a sua idade, mas que problemas com os dentes podem ter consequências dolorosas e para a vida toda; então "melhor prevenir do que remediar".

> **Quanto mais paciência os pais tiverem para ensinar, maiores serão os lucros, pois a criança responde desenvolvendo o gosto de ter os dentes limpos.**

Dizer simplesmente "se você não escovar os dentes, vai ter cáries" não funciona. Ainda não estão claras na cabeça da criança as relações de causa e efeito. E, sobretudo, não se deve usar essa afirmação para que o filho decida por si mesmo se vai querer ou não escovar. Ele ainda é pequeno demais para entender as consequências desse tipo de ação e arcar com elas. Cabe às mães e aos pais organizarem sua rotina.

Às vezes as crianças fazem coisas para agradar aos pais. É uma direção a seguir, um estímulo para fazer a coisa certa. O que não se pode é deixar as obrigações a cargo da vontade dos baixinhos, porque um dia eles vão querer escovar os dentes, outro não...

De modo geral, se o adulto escova os próprios dentes diante da criança, ela escova também: agora para baixo, agora para cima, brincando. Junto com o ato lúdico vem o aprendizado. Se ficar chato, é natural que a criança se recuse a fazê-lo. Ela é ainda pequena e tende a fazer apenas aquilo que lhe dá prazer. Se a criança não vir o pai escovar os próprios dentes e usar o fio dental, fica difícil convencê-la a fazê-lo. Sempre temos a possibilidade de dar um tom de brincadeira a hábitos que são obrigatórios.

Pais como elefantes em loja de cristais

Bebês e crianças pequenas já "dizem" o que se passa com eles. Mãe e pai precisam "ouvi-los" para poder dialogar com eles. Se a expressão do filho mudou de repente, isso significa que algo o atingiu, mesmo que isso não fosse a intenção dos educadores.

A psique humana é como uma loja de cristais caríssimos. E mãe e pai às vezes se comportam como elefantes nessa loja. O barulho, a quebradeira, o estrago ocorrido são percebidos pela alteração súbita da expressão da criança.

Os pais, porém, podem ficar sossegados, pois não é qualquer motivo que destrói a loja inteira. E nem tudo o que foi destruído é irrecuperável.

> As crianças dão muitas oportunidades para os pais errarem, mas as oportunidades para acertarem são maiores.

O medo de errar pode paralisar o elefante. Não há pais que queiram errar com os filhos, pelo contrário. Por medo de errar é que acabam errando, pois não estabelecem limites. Só um erro não traumatiza o educando. O que distorce a educação é os pais frequentemente deixarem de agir quando necessário. Mas a vida oferece muitas oportunidades de compensar o prejuízo.

Uma atitude adequada tomada em relação a um filho nem sempre é percebida na hora, e sim pelos resultados que se observam ao longo do tempo. Educar dá trabalho, e os bons frutos, na grande maioria dos casos, são colhidos pelo resto da vida.

Uma criança feliz não é chata. Ela se satisfaz com as coisas que faz, não exige que o outro seja a fonte de sua felicidade.

Criança feliz é como um carro de corrida: só faz *pit stop* com os pais para se abastecer. Quanto mais saudáveis são os filhos, mais exploram o mundo em velocidade condizente com o local e menos desastres provocam na corrida.

Capítulo 4

Situações críticas

Muito envolvidos com o trabalho e as obrigações diárias, mãe e pai às vezes perdem o fio da meada educativa. E se surpreendem com ações e reações inesperadas dos filhos, que podem começar com quase nada e chegar a proporções catastróficas.

> **Situações críticas são as grandes dificuldades que podem surgir concentradas em curto período de tempo.**

Na realidade, ocorrem várias pequenas situações que vão se desenvolvendo e se transformando em dificuldades. A família se acomoda e absorve tais dificuldades pelo anestesiante convívio cotidiano. Como em qualquer outro meio, dificuldades simplesmente acomodadas e não resolvidas vão se acumulando sob o tapete da rotina.

Tudo o que se acumula um belo dia transborda. É a famosa gota que faz entornar a água. O que sai do copo não é somente a gota final, mas toda a água até então acumulada.

Numa família não é diferente. Não é na última prova do ano que o aluno é reprovado. Desde as primeiras provas, o inteligente mas folgado filhinho vai deixando para estudar nos últimos instantes e acaba mal. Repete esse mesmo esquema em outras provas e no final do ano já não há tempo para recuperação. O mesmo ocorre com os primeiros "nãos" que o danado do filhinho não ouve. Depois não atende ao que lhe é pedido. Ele ganha um apelido, velada ou declaradamente, e tudo vai se acomodando: "Afinal é um folgado, não tem jeito mesmo!".

Essa folga é a semente da delinquência...

As dificuldades podem ser resolvidas muito facilmente enquanto são pequenas. Tais resoluções são mais que necessárias para uma família viver feliz. Entretanto, sejam quais forem as situações críticas, sempre pode existir uma forma diferente de enfrentá-las para buscar melhor solução.

A chegada de um irmão

As crianças têm de participar da chegada de um irmão. O nascimento de uma criança numa família que já tem filhos é um acontecimento familiar e não do casal. Toda a dinâmica familiar será alterada.

Mesmo que os pais não contem que um irmão está a caminho, o filho percebe algo diferente no ar. Quando a criança percebe uma coisa que é real mas desconfirmada pelos pais (mesmo que seja para protegê-lo), essa atitude pode ter consequências significativas para seu desenvolvimento. Ele pode questionar a sua percepção da realidade ou começar a criar fantasias que podem gerar muito mais angústia do que a situação real geraria. Sendo deixado de fora, em aparente inocência feliz, sente-se traído e enganado.

É melhor enfrentar a situação e ir ajustando as coisas com o tempo. Um bom preparo antes do nascimento alimenta o carinho pelo irmão depois e diminui a ansiedade no momento de sua chegada.

Todas as mudanças devem ser feitas, de preferência, antes de o bebê chegar. Por exemplo: tirar a chupeta, mudar de berço ou de quarto, passar a ir à escola. Desse modo, o filho maior não associa os fatos à chegada do bebê. Não pensa: "Tive que abandonar meu reinado tomado por outro...". Se o primeiro filho for muito novo para tais mudanças, deve-se esperar que ele esteja adaptado à chegada do irmão para então fazê-las, mesmo que passe um pouco da idade esperada para novas conquistas.

Os comentários típicos não ajudam nada: "Nossa, como você é grande. Não precisa mais de chupeta. Olhe como seu irmão é pequenino!".

O mais velho não deve privar-se de seus hábitos pela chegada do irmão, a não ser que estes sejam muito prejudiciais ao bebê que acabou de chegar.

Uma boa maneira de facilitar a aceitação do novo bebê é dizer que os presentes que eles, pais, estão dando foram mandados pelo irmão que acabou de nascer. Não é uma questão de conquistar com presentes, mas de o irmão fazer uma associação concreta de que o bebê traz coisas boas para ele também, já que as perdas ficarão claras rapidamente, quando ele tiver a atenção dos pais dividida, por exemplo.

> **Sentindo-se garantido em seu território, o mais velho não hostiliza o mais novo nem o encara como ameaça.**

Os pais podem ensinar o mais velho a pegar o irmãozinho no colo, mostrando-lhe os cuidados necessários que tem de ter, lembrando sempre que crianças não têm o bom senso dos adultos para saber como agir diante da fragilidade dos pequeninos bebês. É importante, porém, que ele ajude um pouco a cuidar do menor. Pode-se pedir ajuda naquilo em que ele realmente for capaz de fazer – como abrir e fechar a pomada, lavar os pezinhos, passar a pomada no bumbum. Se pedirem ajuda para situações difíceis, os pais podem manifestar certa insatisfação ou excluí-lo dizendo "deixa que eu mesmo faço", o que seria muito ruim para a criança que está também aprendendo a ser um irmão.

Os problemas, em geral, surgem quando o bebê cresce um pouquinho, passa a se movimentar sozinho e começa a mexer nas coisas do mais velho.

Os pais devem lembrar ao primeiro filho que ele sabe coisas que o menor ainda não sabe, e os três juntos, pai, mãe e filho maior, criam então uma estratégia para que o pequeno não mexa mais nas coisas dele.

Cada filho é único!

O grande sonho dos pais é que os filhos sejam felizes e unidos como unha e carne. Muitos acreditam que esse sonho se realizará caso não privem nenhum filho de nada, isto é, tudo o que dão para um filho sentem-se obrigados a dar, igualzinho, também para os outros.

Entretanto, ninguém gosta de ser exatamente igual a ninguém. Para marcar as diferenças, os irmãos vão se engalfinhar: é unha de um na carne do outro.

É também importante saber que nem tudo o que aconteceu com o primeiro acontecerá com o segundo. Logo, o que foi bom para o maior talvez não sirva para o menor.

Mesmo nascidos do mesmo pai e da mesma mãe, os filhos nunca são iguais; além das diferenças genéticas, físicas e cromossômicas, a disponibilidade do casal e a disposição da família são diferentes conforme a idade e as etapas de vida.

> **Cada um dos filhos deve ser tratado como se fosse único.**

Os pais facilitam muito o convívio entre irmãos quando conseguem resistir à tentação de compará-los. Em geral, a comparação é lamentável. Sempre um sai ganhando e os outros perdendo. Os elogios serão bem-vindos para alguns filhos, se não causarem constrangimento nos demais.

É muito comum os pais comentarem: "Não sei por que esse filho dá tantos problemas se teve a mesma educação que os outros". Geralmente esses pais ficam atordoados, pois sentem ter feito tudo certo, mas o resultado não é o esperado.

A base desse raciocínio está errada. O primeiro filho não teve um irmão mais velho nem o segundo é o mais velho. Numa família com três filhos, o do meio é único porque nem é o mais velho nem o mais novo. Cada filho tem um modo diferente de ver o mundo e de estar nele. Somente isso já é suficiente para destruir qualquer teoria sobre justiça baseada em igualdade de condições proposta pelos pais.

Um único Filho

Atualmente, há mais de 7 milhões de filhos únicos no Brasil. Por isso, a dinâmica interna das famílias brasileiras tem mudado bastante. Os pais que trabalham fora já não convivem tanto tempo com o filho. No pouco tempo em que estão juntos, querem agradar-lhe. "Já passamos tanto tempo longe e quando estamos juntos ainda vamos pegar no pé dele?". Esse é o pensamento de *compensação* da maioria dos pais. Dessa forma, os pais se tornam muito mais recreativos do que educativos.

O que o filho único recebe sozinho – de bom e de mau – seria normalmente repartido com os demais irmãos, caso existissem. Tal situação se amplifica quando o filho único também é o neto único de quatro avós vivos.

Em casos assim, podem surgir muitas dificuldades: a criança pode tornar-se super-mimada e superdependente, transforma-se no centro das atenções, querer tudo para si, achar que os outros estão ali para servi-lo, só quer comer porcaria, não estabelece rotina para nada, é incapaz de superar dificuldades sozinho, chora, grita, agride, embirra quando contrariado, age por impulso, quer sempre ter razão etc.

Mesmo que os pais disponham de muito dinheiro, não devem dar a esse filho, único ou não, uma mesada astronômica. O que os pais dão aos filhos deve ser guiado pelas necessidades de cada um deles e não pelo poder econômico dos pais.

Dar ao filho dinheiro no lugar de diálogo, convivência e acompanhamento do dia a dia pode satisfazê-lo momentaneamente, mas não alimenta o relacionamento com os pais nem a autoestima dos filhos. Os pais podem agir assim por culpa ou por puro prazer de proporcionar o que querem e podem, mas devem ter consciência dos prejuízos ao desenvolvimento – a partir do momento em que valorizam o "ter" em detrimento do "ser".

> É muito mais fácil dar dinheiro que educar, mas o feliz sorriso de uma criança não se compra...

Dois adultos que trabalham para dar tudo a um só filho podem facilmente cair no exagero, atrapalhando a educação da criança. Nada gratifica mais os pais que provocar no filho um sorriso de satisfação. Têm a impressão de estar fazendo o filho feliz, porém uma criança que é diariamente atropelada por presentes dificilmente conseguirá ser feliz, pois, ao contrário do que parece, ela não está sendo atendida naquilo de que precisa.

Ela poderá se tornar uma "obesa" de brinquedos. Fica estimulada por uma fome de brinquedos nessa idade e, mais tarde, sentirá fome de outras coisas. E o exagero não se restringe a bens materiais.

Além das questões que envolvem dinheiro, o excesso de disponibilidade dos pais também é prejudicial. Mesmo que um dos pais tenha todo o tempo do mundo, não deve ficar grudado no filho. Para crescer, a criança precisa de espaço e de um tempo só dela. É muito bom quando os pais podem proporcionar e favorecer o convívio de seu filho único com outras crianças: primos, vizinhos ou mesmo amiguinhos da escola ou do clube. Essa convivência favorece uma formação mais saudável. Em grupo de crianças, ela treinará suas habilidades de convivência e sociabilidade.

Crianças hiperativas

Muitas crianças e adolescentes mal-educados estão tomando cloridrato de metilfenidato (Ritalina®), medicamento que se destina ao tratamento do distúrbio do déficit de atenção e hiperatividade (DDAH). É essa uma disfunção psiconeurológica que provoca dificuldades de concentração, "viver no mundo da lua" (déficit de atenção), "não parar quieta" (hiperatividade). Descrito há apenas poucos anos, esse distúrbio foi por muito tempo menosprezado e malconduzido.

Agora, no entanto, está havendo exageros e confusões a esse respeito[3]. A Ritalina® não atua sobre mal-educados. Ainda assim, diagnósticos apressados e equivocados têm feito pessoas mal-educadas ficarem à vontade para continuar mal-educadas sob o pretexto de que estão dominadas pelo DDAH. O fato de serem consideradas "diferentes" facilita a aceitação de seu comportamento impróprio. Portanto, antes de os pais lidarem com o filho como apenas um mal-educado ou como apenas um portador de DDAH, é importante que consultem um médico e recebam a orientação correta.

Tanto o portador de DDAH como o mal-educado são irritáveis por falta da capacidade de esperar. (E a espera é desenvolvida pelo exercício.) Ambos os tipos são instáveis. Ora estão bem, ora estão mal.

O portador de DDAH costuma ser impulsivo dada a falta de capacidade de se controlar. Está sempre tentando fazer outras atividades diferentes das pedidas e só consegue manter o foco em algum assunto quando se sente emocionalmente envolvido e interessado por ele. Os jovens com esse distúrbio podem também ser agressivos. Em vez de reagirem adequadamente, é mais fácil para eles liberar a agressão, um dos primeiros mecanismos de defesa do ser humano.

Observe alguns dos principais sintomas presentes no portador de DDAH:

- distrair-se com "pensamentos internos" e cometer muitos erros por pura distração (ortografia, acentuação, pontuação etc.);
- responder antes que acabem de fazer a pergunta;
- não ler a pergunta até o fim;
- esquecimentos em geral, de material escolar, recados, estudos feitos na véspera etc.;
- não esperar a vez de ser chamado;
- interromper a fala dos outros;
- agir antes de pensar;
- desanimar-se com facilidade;
- tirar frequentes notas baixas apesar da inteligência;
- falar bastante, em sequência ou não, um assunto puxando outro, quase sem ouvir as outras pessoas – o que o faz perder o foco inicial da conversa;
- permanecer muito tempo ligado ao que lhe interessa e desligar-se do que não lhe interessa;
- levantar várias vezes durante uma refeição;
- fazer duas ou mais atividades ao mesmo tempo;
- ter dois ou mais pensamentos ao mesmo tempo;

---

[3] Para saber mais, ler *Mentes inquietas*, de Ana Beatriz B. Silva. São Paulo: Gente, 2004 (N.E.).

- viver tamborilando os dedos das mãos;
- bastar sentar para as pernas se sacudirem;
- mesmo dormindo pode ter "pernas inquietas";
- acordar de ponta-cabeça, com as roupas de cama reviradas;
- acordar eufórico, querendo resolver "tudo" naquele dia, mas acabar vencido pela preguiça;
- tentar pôr em execução uma ideia, fazer projetos mirabolantes, mas logo desistir com os primeiros obstáculos por não suportar frustrações e decepções. Esse entusiasmo é conhecido como "fogo de palha", pois logo acaba;
- geralmente inteligentes, acabam prejudicados pelo seu desgaste;
- apresentar hiperfoco – concentração exagerada em um único tema por um longo tempo (isolando-se do mundo a ponto de nem escutar chamados de outras pessoas).

• • •

Quanto maior o número de sintomas e o tempo de permanência deles, tanto mais se configura a presença de DDAH. Muitos destes sinais podem aparecer isoladamente ou em conjunto também nos mal-educados.

Há, porém, diferenças notáveis entre um portador de DDAH e um mero mal-educado. O portador de DDAH continua agitado diante de situações novas, isto é, não consegue controlar seus sintomas. Já o mal-educado primeiro avalia bem o terreno e manipula situações, buscando obter vantagens sobre os outros.

Crianças mal-educadas

É muito oportuno fazer distinções entre crianças hiperativas e mal-educadas. A mais evidente diferença entre elas é que a criança hiperativa não consegue controlar sua hiperatividade. A mal-educada se agita somente quando contrariada, ou quando quer algum "presente", e fica absolutamente tranquila quando está sozinha. Outro sinal importante do hiperativo é o hiperfoco – a criança fica concentrada por muito tempo naquilo de que gosta, apesar de agitada. Geralmente as crianças mal-educadas, por sua vez, cansam-se facilmente de todas as atividades.

Há, porém, situações tão próximas entre os dois tipos de criança que é necessária a ajuda de um profissional especializado.

Intermináveis porquês

Criança pergunta quando quer saber? Nem sempre! Portanto, é importante que a mãe ou o pai explique sempre que possível. Mas, se as perguntas continuam, das duas uma, ou os pais são maus explicadores ou estão respondendo só com palavras quando deveriam agir.

> **Um dos motivos das perguntas infindáveis é o filho perceber que vai conseguir o que quer, desde que ignore as respostas e insista em perguntar "por quê?".**

Perguntar já é uma ação. Pouco importa a resposta. Os olhos estão irritados, não curiosos. A intenção é vencer o adulto pelo cansaço: "Vou cansá-lo até você deixar que eu faça o que quero", pensa ele. Forma-se um cenário de esgrima. A mãe acha que não foi "atingida" e teima no diálogo.

Se o filho está agindo através da fala, de nada adianta ficar respondendo só com palavras. É preciso que o educador também aja, mesmo que fale simultaneamente.

Uma ação que funciona bastante é o educador decretar: "filho, você só tem direito a mais uma pergunta". Pare, escute, veja, pense e responda. Depois vire as costas e vá embora, encerrando a questão. A saída do educador é, assim, uma *ação* que diz: "Basta! Não vou mais ouvir você!". Se o educador-pai permanece no lugar, seus ouvidos estão abertos às cutucadas do filho. Assim, sair do local significa tapar os ouvidos.

> **Ação se responde com ação; palavras, com palavras.**

Em geral, alguns pais não conseguem estabelecer os limites necessários a uma boa educação. Talvez porque no fundo queiram dizer "sim". Nesse caso, o "não" equivale a um "insista mais e mais que você consegue". É um "não" parecido com o que a namorada, sem sair do lugar, diz ao namorado, quando ele tenta avançar o sinal. É um "não" que diz "continue avançando".

Contrariar adequadamente uma criança não a faz infeliz. Estabelece o necessário limite para viver bem.

Birra afetiva

A mãe se recusa a atender uma vontade do filho e ele se debate, grita, faz escândalo. É a birra! Surge com o nítido objetivo de contrariar uma ordem, não importa se justa ou injusta, com a finalidade de tirar vantagens pessoais: uma manifestação de autoafirmação inadequada.

A birra material (querer mais e mais brinquedos) e a birra comportamental (querer divertir-se mais e mais) e o método do chacoalhão para enfrentá-las podem ser encontrados em várias outras obras minhas. Mas existe ainda a *birra afetiva* – que é quando uma pessoa se recusa a agradar a outra, mesmo que a ame. Faz parte do desenvolvimento da criança. Seus sinais são muito claros para quem a recebe, mesmo que outras pessoas nem possam percebê-las. É a opção de não-entrega para o carinho, para o colo, o abraço – geralmente, com o rompimento da comunicação verbal e visual.

As pessoas se constrangem com isso por desconhecer o funcionamento fisiológico da criança que faz essa birra. Não importa quem quer que ame o bebê com paixão (avós, padrinhos, amigos íntimos, parentes): se ele estranhar essa pessoa em dado momento é porque ainda não a identificou, e sua reação de estranhamento é natural. O adulto tem na memória o bebê, mas este ainda não conta com maturidade. Basta, por exemplo, o pai se ausentar por alguns dias para que o bebê possa estranhá-lo. Isso não significa que não ame o pai, é apenas um determinado momento do desenvolvimento, quando o bebê não revela ainda sua capacidade de memorização.

Com a convivência, após horas ou dias, a pessoa vai se tornando mais e mais conhecida do bebê, e este sinaliza a que distância ela deve permanecer. A princípio, o bebê apenas olha a pessoa, depois começa a sorrir quando ela lhe faz graça. *O riso significa aprovação.* Muitos bebês até aceitam brincar, mas isso não significa que aceitem ir para o colo da pessoa.

Os adultos não devem atropelar esse desenvolvimento muito saudável que se faz sem choro nem desespero de ninguém, e sim através da aproximação lenta e gradativa desse serzinho que está no mundo há tão pouco tempo.

> **Segurança e firmeza dos pais geram confiança no filho para ele ficar na escola.**

À porta da escolinha, nos primeiros dias, o filhinho pode apresentar dificuldades e birra afetiva. É fundamental que ele sinta que os pais confiam na escola e o estão deixando com pessoas capazes de cuidar bem dele. Portanto, é muitíssimo importante que os pais conheçam bem o local e os profissionais com quem vão deixar o filho. É necessário que ele sinta na pele que os pais confiam na escola.

Se para os adultos a separação é difícil, para o filhinho é ainda pior, porque ele ainda não desenvolveu a noção de tempo – para entender que aquele distanciamento é transitório. Não tem como se defender e precisa dos cuidados de pessoas que desconhece.

A ansiedade de separação ataca a criança que, então, não quer mais ficar com outras pessoas que já conhece e com quem já ficou. Ela pode manifestar essa ansiedade através das birras ou comportamentos que dificultam ou impossibilitam a saída dos pais para o trabalho, por exemplo. Por mais que a ansiedade exista, ela deve ser superada para que a criança progrida em seu desenvolvimento afetivo e relacional.

Em muitos casos, a criança é tida apenas como manhosa, mas já se trata de uma birrenta, que vai derramando copiosas lágrimas para subverter a ordem estabelecida. Lágrimas enternecem qualquer mãe ou pai e despertam um sentimento de culpa que pode comprometer a razão e romper o limite que deve ser imposto na medida certa.

Os pais podem olhar no fundo dos olhos do filhinho e explicar calma e firmemente que, se pudessem, até ficariam, mas eles têm de trabalhar. Ao contrário, a hesitação dos pais gera insegurança no filho e pode despertar nele a sensação de que vai conseguir convencê-los a ficar.

> **Os pais não devem prometer trazer brinquedos, doces ou figurinhas quando voltarem.**

É saudável a criança sentir que a separação não mata ninguém e começar a criar dentro de si mesma a noção de responsabilidade e independência afetiva – por menor que seja, no caso de uma criança pequena.

Lágrimas de crocodilo

Há dois tipos de choro: o que expressa dor e o que busca poder. Se o filho descobrir que pode usar o choro como fonte de poder, os pais estão perdidos. Nunca mais saberão dizer se ele chora por dor ou poder.

Uma telenovela mostrou muito bem esse artifício. A criança ficava vigiando a porta para perceber a hora em que o adulto entraria no quarto e então se punha a chorar. Um choro de poder. Necessitava dos olhos e dos ouvidos de quem ela queria dominar. A criança usa um choro alto, escandaloso a ponto de mobilizar seu público-alvo.

Ingênua, a criança que usa o choro como ferramenta de poder para imediatamente após conseguir o que quer. Daí a importância de os pais ficarem atentos para não serem manipulados.

• • •

Em Paris, no Aeroporto Charles de Gaulle, notei um menino de cerca de 4 anos chorando escandalosamente ao lado da mãe. A irmã, de uns 3 anos, estava tranquila, sentada sobre as malas no carrinho. O pai aguardava perto da esteira a chegada de mais bagagem. A mãe, então, tirou a menina de cima das malas e pôs o menino no lugar dela. No mesmo instante, ele parou de chorar, enquanto a garota abria o maior berreiro. Reparei que o menino olhava para a menina com um ar de vencedor, o que aumentava o choro dela. Quando o pai chegou, deu uma bronca nas duas crianças, mas nada mudou. A competição continuou até que a mãe pôs no chão as duas, que saíram do aeroporto choramingando.

• • •

Uma cena ocorrida em outro país, com pessoas de outro povo – pareciam argelinas –, mostra que o mecanismo de choro/poder é universal. A situação poderia, claro, ter acontecido em qualquer outra parte do mundo. Esse tipo de choro apela para a visão do "coitadinho" e inspira ternura. É o domínio pela chantagem afetiva.

É difícil neutralizar o uso do choro como arma. Pais e mães têm de entender que um pouco de dor não matará a criança, assim como um pouco de poder não matará os pais. Só há um jeito de aprender o equilíbrio: acertando e errando.

A insegurança paterna/materna faz com que os filhos se sintam no banco traseiro de um automóvel cujo motorista pergunta o tempo todo se a velocidade está boa, se deve virar à esquerda ou à direita, se ultrapassa outros veículos ou não...

Pais extremamente solícitos acabam não traçando um bom e seguro trajeto para seguir, a criança fica insegura e perde a confiança neles.

Pega na mentira

Cada vez mais os pais têm estado distante dos filhos, que por sua vez estão já ocupados com escolinhas desde os 2 anos de idade. Assim, os filhos têm outras fontes de convivência e também aprendem com elas, não mais somente com os pais.

Além de estar fisicamente longe, cada vez mais menos se conhece a pessoa com quem se convive. Os pais geralmente não conhecem as atividades dos filhos a não ser pelos relatórios escolares e relatos verbais das pessoas que ficam com eles.

É importante que os pais encontrem um meio para diminuir esta distância. "De tanto repetir, a mentira passa a ser verdade", diz o jargão popular.

Às perguntas dos pais basta o filho dar sempre a mesma resposta, e depois se irritar e gritar, até mesmo se ofender: "Já lhe disse como foi...". Os pais ficam constrangidos em insistir e acabam usando, sem saber, da mentira maior: "Meu filho não mente!", e partem a defendê-lo cegamente.

Numa pesquisa recente, feita em escolas públicas, 25% das agressões recebidas pelos professores vieram de pais de alunos. Além de outros sérios problemas envolvidos, esses pais ouviram cegamente o que os filhos lhes relataram e foram agredir os professores, ou seja, os pais se transformaram em armas dos alunos contra os professores.

Portanto, hoje, é preciso procurar saber mais sobre o que o filho diz. Desconfiados ou não, estes pais conseguem não ser enganados como são os crédulos. Nem que, para saber a verdade, seja necessária uma acareação, um trabalho de detetive em busca da verdade, doa a quem doer.

A mentira voluntária é uma das primeiras defesas que aparecem contra transgressões maiores. Para esconder um problema grande o mentiroso usa um recurso também problemático.

A mentira pode ser contagiosa. Pais que mentem, inocentemente ou não, autorizam a mentira em casa. Vale a pena insistir que muitos pais precisam educar-se para serem educadores.

Que bagunça!

O que fazer quando a *working-mother* volta para casa, após uma exaustiva jornada de trabalho, e encontra tudo na maior bagunça? Quando chega em casa após um dia inteiro de trabalho, a mãe, tenha ou não marido, *não* deve arrumar a bagunça que os filhos fizeram. Se eles já são autossuficientes para ficarem sozinhos em casa, também devem sê-lo para cuidar dela; portanto, a mulher integrada deve educar os filhos para que deixem a casa arrumada.

Cada vez que a mãe arruma a bagunça dos filhos – se eles já têm condições de fazê-lo –, está postergando o amadurecimento deles. Se crescerem com tais hábitos poderão achar que é função de mulher arrumar a casa, perpetuando o machismo. Essa gentil poupança aos filhos em vez de ajudá-los, prejudica-os já em casa e futuramente na sociedade.

A *working-mother* já cumpre sua parte trabalhando fora. Em casa, a tarefa é educar os filhos e não ser sua serviçal. Quando a mãe se põe a arrumar freneticamente a casa, os filhos ficam folgados e acham que ela está cumprindo obrigações dela. Na educação integrada, todos devem participar dos cuidados da casa, inclusive os filhos.

Se nunca fizeram nada, está na hora de os pais combinarem que, dali em diante, a casa deverá estar arrumada antes de pai e mãe chegarem do trabalho. Caso esteja uma bagunça, os filhos vão pô-la em ordem imediatamente, antes da refeição. Não adianta deixá-los sem jantar, como castigo. O importante é eles assumirem as suas obrigações. Portanto, comem quando arrumarem a bagunça. É o princípio da consequência. Quando cumprirem suas tarefas, poderão comer.

Quanta briga!

Irmãos discutem, entram em conflito e não raramente partem para a briga. O confronto físico não deve ser permitido de jeito nenhum, pois pode gerar violência. Há crianças que não sossegam enquanto não partem para a agressão física. Essas crianças precisam ser contidas. Pai, mãe ou qualquer adulto próximo deve interferir. Os pais devem separar os briguentos, dizendo em alto e bom som: "Não admito briga". Entretanto, não é com violência que o pai dará um basta na violência entre os filhos: portanto palmadas, cascudos ou qualquer tipo de agressão estão fora de questão. Ânimos serenados, os pais devem propor atividades em comum para os irmãos, em que cada um faz uma parte delas – e que os obriguem a repensar ou, pelo menos, a arcar com o mal-estar causado pela briga: estudar no mesmo quarto, lavar e enxugar a louça, ver tevê na sala com a família. Não adianta isolar o agressor no quarto. Que correlação fará ele entre esse tipo de castigo que está sofrendo e o tumulto que causou?

> **Se a briga provocou ferimentos, o agressor ajuda a fazer curativos no ferido.**

Se a briga foi com filhos de outras pessoas, informe-se antes de tomar qualquer atitude para, por exemplo, não fazer o papel ridículo de ter acreditado numa versão mentirosa do próprio filho.

• • •

Com risadas e caretas, uma criança que estava à mesa de um restaurante começou a brincar com outra sentada a uma mesa próxima. De repente, uma delas não aguentou a brincadeira e se queixou com a mãe de que a outra lhe mostrava a língua. A mãe imediatamente levantou-se e foi como uma bala até a outra mesa tomar satisfações. Dedo em riste apontado para a criança, em meio aos outros adultos da mesa, vociferou: "Por que você está mostrando a língua para o meu filho?". Todos ficaram paralisados diante da insólita situação.

• • •

O que essa criança aprendeu ao instigar a mãe contra outras pessoas? Essa mãe está tornando seu filho feliz? Como alguém pode ser feliz acusando os outros? Por qualquer contrariedade, saca-se uma arma contra a pessoa com quem se está brincando?

Ninguém pode ser feliz agindo assim. O que a criança consegue é satisfação imediata diante da contrariedade, mas, para isso, dependeu da mãe. Criança feliz é aquela que consegue saciar suas vontades sem depender de ninguém. A felicidade não pode depender de outros, de valores materiais, de drogas.

> **Felicidade é estar feliz com o que se tem, com quem se está.**

Crianças não são indiferentes umas às outras. Falam-se, tocam-se, provocam-se, agridem-se[4]. Por exemplo, o filho reclama que o amiguinho da escola bateu nele. A mãe já corre até lá para falar com a professora. Quer que a outra criança sofra. Mas quem garante que não foi o filho dela que começou?

Em geral, quem tira satisfações é a mãe. Mas a verdadeira educação consiste em saber o que houve, para conferir se o filho está certo ou errado – e não acreditar piamente nas suas palavras e se sujeitar a ser usado(a) como arma dos desejos da criança, nem sempre lícitos.

Por vezes, a criança conta uma versão que não é mentirosa, mas é a forma como viu e viveu a situação. Quanto menor, mais egocêntrica, mais unilateral, menos consegue visualizar o outro lado da situação. Caso os pais percebam que a criança não mentiu, mas viu apenas o seu lado da situação, pode ser essa uma boa oportunidade para conversar sobre o ocorrido, ajudando-a a amadurecer para aprender a ver os dois lados da moeda.

---

[4] E o filho único? Este nem sempre se exercita assim. Às vezes, tem mais dificuldade nas brincadeiras por treinar menos a convivência com outras crianças. Não entende que a cada momento a vantagem é trocada pela desvantagem e vice-versa.

Içami Tiba

Pequenas delinquências

Estávamos, minha família e eu, na fila de entrada para um brinquedo num parque de diversões nos EUA. À minha frente havia um casal com dois filhos, de aproximadamente 7 e 9 anos. O garoto maior estava quieto no lugar. Já o mais novo, a quem vou dar o nome de Zé, não parava um instante. Zé se pendurava na fita do corrimão, como se ela fosse um balanço, e chutava as pessoas da fila.

Quando esbarrou em mim, dirigi a ele aquele olhar duro, de reprovação, como se dissesse: "Não admito que você faça isso!". Zé, então, começou a me proteger de seu inadequado e invasivo comportamento. Balançava-se em todas as direções, menos na minha.

A mãe, com expressão de desânimo, cutucou o pai, que acabou dizendo: "Filho, desse jeito nunca mais vou trazer você de novo para a Disney!". E nada aconteceu – porque voltar ou não para a Disney era um problema futuro: significava que, se ele não quisesse mesmo voltar, poderia continuar fazendo o que lhe passasse pela cabeça, sem um mínimo de adequação. Lamentava-se, mas não sentia a perda do que ainda não era real.

Não me cabia, naquele instante, atuar como um terapeuta inoportuno. Contudo, não pude permitir que aquele invasor tumultuasse minhas férias. Então, impus a ele um limite com os olhos – daqui você não passa.

Por que Zé me respeitou, se nem ao próprio pai ele respeitava? Provavelmente porque o pai perdeu sua autoridade educativa; não estabeleceu para o Zé limites comportamentais necessários, levado que foi pela permissividade amorosa.

E todos sofrem com o comportamento do menino. Impossível não sofrer. A mãe, pela sensação de impotência; o pai, por se ver desautorizado ao permitir que sua fala fosse ignorada; e Zé, por ficar insatisfeito, portanto infeliz, apesar de ter feito tudo o que queria. E todos os outros, por serem incomodados diante de uma situação sobre a qual ninguém tinha controle.

● ● ●

Há muitos casos de filhos pequenos que não obedecem aos pais. Mas basta os adultos recuperarem a autoridade inerente à função de educadores para os filhos melhorarem.

Como o Zé estará sendo educado? Até então, ele sabia que para ele não existiam limites. Tudo o que lhe era negado verbalmente era-lhe permitido no comportamento, ainda que ele incomodasse quem quer que fosse.

Quem não sabe se comportar numa fila de espera não possui noção de contexto e das regras sociais. Um dos maiores sinais de saúde social é o mimetismo relacional. Sem perdermos a personalidade, mudamos "de cor" conforme o ambiente. Aquele que impõe sua vontade egoísta sobre as regras específicas de determinado contexto – uma fila, por exemplo – não tem educação social, porque coloca as suas próprias vontades acima das regras sociais.

O garoto desrespeitou o espaço, as pessoas, as hierarquias. Age e reage como um animal (ver parte 1, capítulo 4, desta obra). Faz o que lhe dá prazer. Externamente, não se pode contar com ele e, internamente, é tão desorganizado que não consegue realizar o que é sua obrigação: estudar as matérias das quais não gosta ou cumprir tarefas rotineiras. Qualquer atividade que exija mais dedicação ou esforço ele não consegue executar.

Talvez o pai tenha ameaçado não levá-lo nunca mais à Disney World para mostrar a todos que estava fazendo alguma coisa – como que cumprindo o que era esperado dele. Uma ameaça que o Zé nem chegou a ouvir, portanto sem nenhum resultado positivo.

Para que haja uma boa convivência social, esse pai precisa recuperar seu natural poder paterno e fazer valer sua autoridade.

Consequências no lugar de castigos

Ninguém conserta programas de computador usando martelos. Da mesma forma, castigar é uma ferramenta obsoleta da educação. Os pais e educadores têm de atualizar seus recursos educativos e inclui-los na educação. Muitas atitudes tomadas no passado – surras, descontroles emocionais, prisão no quarto etc. – são hoje martelo em computador. Elas danificam, não ajudam.

Quem sempre obteve lucros na delinquência ou na folga precisa começar a aprender a não os ter, e, assim, ganhar muito mais com o novo modo de ser. Várias medidas podem ser adotadas. Minha sugestão, por exemplo, é estipular que Zé não desfrute o brinquedo em cuja fila de entrada está. "Você vai ficar aqui fora até a gente sair"; ou seja, nada de jogar as consequências para um duvidoso futuro. Ele precisa entender que não usufruir o brinquedo é de sua exclusiva responsabilidade. Ou seja, estar ou não estar no brinquedo depende do que ele fizer. Isso é uma consequência do seu comportamento – e não um castigo.

A condição combinada é que Zé espere a família à saída do brinquedo. Se ele não estiver no local combinado, perderá o direito também ao próximo brinquedo, e assim sucessivamente.

Caso ele ainda seja muito pequeno para ficar sozinho, um dos pais terá que ficar supervisionando, sem que aquele momento se torne uma convivência prazerosa. A criança deve se sentir prejudicada pelo modo como se comportou, não pôde obter nenhum ganho – e, cuidado!, ter a exclusividade de um dos pais, nessa situação, não pode ser um ganho. Portanto, nada de conversas ou explicações. Se a criança vier a perder três brinquedos, não haverá por que sair com a família no dia seguinte. O garoto que fique no hotel ou onde esteja hospedado. Não há motivos para sacrificar toda a família por causa do mau comportamento de um de seus membros. E se aprontar no hotel, deverá ficar no apartamento, e assim sucessivamente até o Zé entender que ele mesmo causou as complicações à sua família. Da próxima vez, respeite os pais.

É natural as crianças tentarem, de várias maneiras, recuperar o que foi perdido usando choro, depressão, agressão, cara fechada, mau humor, chute, raiva. Elas têm o direito de reagir. E os pais devem dizer: "Eu entendo que você esteja triste e com raiva, mas sua reação não vai mudar o que estabelecemos, pois você está recebendo o que mereceu". A medida educativa é fazer a criança sentir a perda e os prejuízos que maus comportamentos trazem.

Se os pais estabelecerem as consequências que eles mesmos acabam ignorando, essa é uma consequência da educação do "sim" (ver parte 1, capítulo 2, desta obra), isto é, não aguentam pressões dos filhos, portanto estes são pais-geleia. Seria então natural que os filhos fossem também parafusos de geleia, isto é, largam qualquer empreitada às primeiras pressões que ocorrem. Zé seria um exemplo de um parafuso de geleia – pois não aguentou a pressão de ficar numa fila.

> **Multa é perda material. Prisão, perda da liberdade. Rejeição, perda afetiva.**

Quando todos os recursos já foram utilizados pelos pais e derrubados pelo filho, resta ainda uma última e drástica medida: a de perder a liberdade e o conforto material. Isso equivale a usar um lavabo como prisão para que ele reflita sobre o que fez.

Essa prisão domiciliar tem significado educativo. Portanto, não deve ser acompanhada de raiva, gritos e violência. Os motivos e os objetivos pelos quais o filho está sendo preso devem ser explicados com firmeza, olhos nos olhos, para que ele possa compreender e se modificar.

Um bom lugar é o lavabo ou qualquer outro aposento que não tenha conforto material nem condições para distrair a criança. Assim, ela esfria os ânimos e reconsidera a situação.

O período ideal para uma boa reflexão não deve passar de 5 minutos, pois, se for maior, a criança pode adormecer ou encontrar outro meio de esperar o tempo passar. O que não se deve é deixá-la sair correndo imediatamente para outra atividade. O que valida esse recolhimento é a conversa que se tem depois com o filho: mais calmo, ele deve falar sobre o que refletiu e não apenas ficar ouvindo "mais ladainhas" dos outros. Se ele não pensou em nada durante o período, volta para mais um período de reflexão para expressar-se depois.

Dependendo da idade da criança, é importante que os pais a ajudem a se expressar. Esse é outro aprendizado pelo qual a criança passa: não podemos esperar que uma criança de 4 anos saia do lavabo com um discurso claro sobre suas ações.

As perdas também devem ser progressivas e cumulativas. Se a criança ficar gritando, ofendendo, dizendo palavrões, chutando a porta, a contagem dos 5 minutos será zerada e recomeçará.

A mãe e o pai precisam assumir sua condição de educadores e fazer o filho entender que está sendo mal-educado, grosseiro e antiético. Em vez de aplicarem castigos aleatoriamente, têm de reformular sua abordagem com condutas pautadas na coerência, na constância e na consequência para conseguir dos filhos resultados favoráveis.

O pai que descarrega um palavrão ou agride um filho (com tapas, beliscões, chineladas etc.) deixa de usar o melhor de si mesmo – os infindáveis recursos do cérebro humano para lidar com a pessoa que mais ama, o próprio filho.

Capítulo 5

Auxílio de terceiros

Ficar ou não em casa com a criança é o grande drama feminino depois do nascimento de um filho. Em geral, a sobrevivência fala mais alto que a educação. Obrigada a trabalhar, grande parte das mulheres não pode ficar em casa cuidando do(s) filho(s) o dia todo.

Se a mãe e o pai trabalham, precisam contar com a ajuda de terceiros para cuidar do filho e zelar por ele, mesmo que durma quase o dia todo. Quando começar a engatinhar, andar e descobrir o mundo, esses cuidados se tornam mais importantes. Aquele que toma conta da criança pode ou não ser uma pessoa positiva para sua educação. É importante avaliar se tem condições de educar, pois passam muito tempo juntos.

Babás, avós, escola e creche são as opções mais comuns de apoio aos pais.

Babás: a importância de orientar bem

Não raro o noticiário da televisão mostra imagens gravadas por pais em que aparecem babás surrando criancinhas ou veicula notícias de babás que dão remédios para dormir a bebês. Esses casos causam revolta na maioria das pessoas e assustam qualquer pai e mãe. Infelizmente essas situações acontecem, mas felizmente são exceções. Existem péssimas babás, mas há também profissionais conscientes, dedicadas e amorosas.

Antes de contratar uma babá, é fundamental verificar suas referências, conversando com os pais de crianças das quais cuidou. É importante perguntar tudo o que quiserem saber e observá-la atentamente, pois muitas babás expressam no comportamento o que não contam em conversas.

Para a mãe, a escolha da babá costuma ser bastante difícil, pois ela será responsável pelos cuidados com a criança, que em geral é função materna.

Muitas mães sentem-se culpadas ao retomar o trabalho, lembrando que é a babá que as substitui – o que pode gerar ciúme ou medo de que a criança se apegue demais a esta. Além disso, há o medo de que a criança não seja bem cuidada, bem tratada e bem estimulada. Hoje, os pais têm conhecimento de que, além dos bons cuidados, ser bem estimulado é muito importante para o desenvolvimento do bebê.

• • •

Se a babá for cuidadosa e atenciosa, é natural que a criança se apegue, o que é um indício de que a criança se sente bem cuidada na ausência da mãe. Se a criança não se apega, é indiferente ou até mesmo hostiliza a babá, estes podem ser sinais de que a babá não corresponde às necessidades da criança e da mãe. Para a autoestima da criança não é nada bom ser tratada sem o carinho e o empenho necessários, muito menos passar o dia todo com uma babá indiferente.

> **Boa babá é aquela que estabelece bons relacionamentos e, com seu apego à criança, torna-se uma aliada da família.**

Quando a babá é uma aliada da família, mesmo que depare com uma situação para a qual não foi orientada, age em benefício da criança, cuidando dela e protegendo-a, pois a coloca em primeiro lugar.

Se a babá começa a cuidar da criança ainda bebê, seu envolvimento em geral acontece naturalmente, mas, se a babá é contratada quando os filhos já são maiores, é importante que os pais favoreçam o envolvimento. Isso pode ser feito contando-se à profissional um pouco da história da criança desde o nascimento, mostrando fotos, narrando-se episódios marcantes da vida dela – para que a criança se torne o foco de atenção, preocupação, proteção e cuidados da babá. Essa atitude é válida com qualquer pessoa – familiar, empregada ou amiga – que desempenhe o papel de cuidadora da criança.

Embora o envolvimento seja importante, a mãe e o pai devem orientar a babá para que ela entenda os limites de sua participação na família. Ela pode, por exemplo, retirar-se em momentos familiares nos quais sua presença não seja necessária para que a criança desfrute o convívio exclusivo com a família. Para isso, basta explicar à babá que os pais não a rejeitam, mas precisam desses momentos juntos.

A babá precisa também receber orientação sobre a educação da criança. Por mais que seja experiente, ela tem de conhecer o desejo dos pais para que haja coerência entre as atitudes deles e dela. É preciso que os pais a orientem na imposição de limites, explicando como dizer "não" e como agir no caso de comportamentos considerados inadequados. Por que não emprestar às babás os livros que os ajudam na educação dos filhos?

É essencial que os pais esclareçam à babá como é importante seu papel na educação da criança. Isso a valoriza e ao mesmo tempo exige dela que se informe e se prepare, buscando capacitação para ser também educadora.

Muitos pais sentem que, ao deixar o filho com a babá, estão perdendo o controle da rotina da criança, mas isso não ocorre necessariamente. A mãe e o pai podem criar maneiras de exercer esse controle mesmo que não estejam presentes, e é fundamental que o façam. Conforme a babá contratada for ganhando espaço e confiança, provavelmente ganhará também mais autonomia na rotina da criança, mas sempre supervisionada pelos pais.

Ao chegar em casa de volta do trabalho, é importante que os pais se informem sobre o que aconteceu ao longo do dia. Quando o filho ainda é pequeno e não vai à escola, uma boa forma de acompanhá-lo é fazer um caderno de rotina da criança. Nele a babá deverá anotar os períodos de sono da criança, o horário das refeições e dos lanches, os alimentos ingeridos, o funcionamento do intestino etc. Com esse caderno e a conversa com a babá sobre o comportamento da criança, os pais poderão acompanhar o crescimento do bebê, além de a babá sentir-se mais segura, pois sabe que é supervisionada e bem orientada. Se a babá não tiver paciência para escrever nesse caderno nem para atender às solicitações dos pais, terá ela paciência e carinho para atender o bebê?

Quando a criança for maior, os pais deverão adotar o hábito de perguntar à babá o que o filho fez ou deixou de fazer. Isso não deve excluir a conversa entre pais e filhos sobre como foi o dia, mas sim complementar. Deve haver um cuidado para que a conversa com a babá não ocorra num tom de "dedurar" o que o filho fez ao longo do dia, isso acaba colocando a babá no lugar de criança mais velha da casa e não de educadora propriamente dita.

Quando os filhos veem o diálogo entre os pais e a babá, têm a sensação de estar sendo acompanhados mesmo que os pais não estejam presentes o dia todo. Tendo clareza de que está sendo cuidada, está recebendo amor e preocupação dos pais, a criança, em geral, passa a não cobrar tanto a atenção deles.

Algumas babás, que passam por incompetentes, na verdade estão apenas mal orientadas. No entanto, se os pais começarem a desconfiar de que algo não está correndo bem, devem averiguar se é necessário trocar de babá.

Uma das maneiras de saber como é o relacionamento do filho com a babá é "espioná-la" quando estiver com outras babás. Se ela abandona totalmente a criança para ficar numa alegre conversa com suas colegas, cuidado! O filho pode ficar brincando com outras criancinhas, pegando chicletes da boca da outra, correndo sozinho para um lugar inadequado e perigoso, puxando a babá pela saia, choramingando para ir embora e/ou ainda recebendo broncas ríspidas e tapinhas da babá etc.

Televisão e videogames

Muito cuidado com o uso da televisão como babá eletrônica. Desde pequenas, as crianças ligam sozinhas a televisão e prestam muita atenção em comerciais, que chamam sua atenção por serem alegres, cheios de som, cores e movimentos, com cenários, pessoas e objetos maravilhosos. Suas mensagens, porém, nem sempre são apropriadas a crianças. Entram pelos olhos e ouvidos e passam a fazer parte dos conteúdos de sua mente.

Quanto mais tarde a criança ingressar no mundo da tevê, melhor. É assustador ver crianças pequenas, de fraldas, tentando imitar o rebolado das dançarinas. Se elas imitam a dança, por que não imitarão a violência? Aquela imagem que entra no ambiente familiar passa a ser natural, passa a ser um costume – esta é uma questão a ser considerada na educação.

Caso a televisão faça parte de forma significativa no universo familiar, o ideal para os pequenos são os vídeos educativos, próprios para eles. Usam uma linguagem fácil, quantidade e tipo de estímulo adequado para a idade. Mas mesmo que sejam esses os programas, a televisão não deve nunca substituir momentos de convivência familiar, com outras crianças ou atividades mais saudáveis ao ar livre, por exemplo. Os programas educativos podem ser uma boa opção nos dias chuvosos ou de muito frio, lembrando sempre que serão mais bem aproveitados se forem vistos na companhia de um adulto – que interaja com a criança, comentando as cenas e perguntando à criança o que acha.

O que pode representar um problema mais sério do que a televisão é o videogame, principalmente se introduzido em sua vida precocemente. Pior é quando a criança tem contato com aqueles jogos que estimulam a violência ao "contar pontos" por matar os outros. O ideal é adiar esses jogos o máximo que puder.

As crianças acima dos 4 anos, quando saudáveis, saberão diferenciar a realidade da tevê e dos joguinhos com seu mundo: sua família, escola etc. As crianças menores, em geral, não têm ainda critério para saber quais são comportamentos aceitáveis ou inaceitáveis; portanto, quando os pais perceberem que elas estão imitando um comportamento inadequado, devem interferir. As crianças maiores, que já estão mais socializadas e que mesmo assim "copiam" comportamentos inadequados requerem mais atenção. Tevê e videogames são veículos. O que importa são os conteúdos, que podem ser adequados ou não aos pequerruchos. Com certeza há programas ruins e bons, portanto cabe aos pais selecionar o que chega aos seus filhos. Caso os pais não entendam nada disso, procurem quem entenda. Os filhos merecem esse cuidado. É o alimento da personalidade que está sendo selecionado.

Creches

Há situações nas quais os pais, por opção ou por necessidade, põem os filhos em creches. Nesse caso, precisam tomar certos cuidados, como:

o conhecer a creche: seu espaço físico, seus recursos, ambientes onde as crianças ficam, banheiros, salas de descanso etc.;

o informar-se sobre as pessoas que lá trabalham, principalmente sobre as que lidam diretamente com as crianças;

o passar algumas horas no local, em pleno movimento, com outras crianças. Provavelmente seu filho receberá o mesmo tratamento;

o escolher um local próximo do trabalho da mãe ou do pai, para que em qualquer emergência possam atender o filho. A proximidade também diminui a ansiedade da mãe.

● ● ●

Algumas creches possibilitam aos pais verem seus filhos via internet. Nesses casos, existe um padrão de regras que leva adequação e viabilidade a todos os envolvidos nessa visita virtual aos filhos.

Convém lembrar que creche não é depósito de crianças. É um local que complementa os cuidados e a educação, principalmente na socialização delas.

Avós: salvadores ou vilões?

"Educação é responsabilidade dos pais; nós, avós, só vamos curtir." Essa é a visão corrente do papel dos avós na família. Os pais proíbem, os avós permitem. Os pais cortam a mesada como castigo, os avós dão trocadinhos que rompem com esses esquemas. Fazem vales, que os netos jamais pagarão. Em geral, os avós não sofrem as consequências imediatas dessas transgressões. Portanto, têm essa visão comodista de deixar os abacaxis para os filhos descascarem, não colaboram em nada para minimizar a dificuldade que as crianças têm de entender o significado do *não*.

Há muitas diferenças nos relacionamentos entre avós e netos e pais e filhos. Os avós vivem outro momento de vida. Já criaram os filhos, percebem que muitos fatos são relativos e que um tempo precioso é perdido na preocupação com irrelevâncias enquanto se deixa passar o que pode ser sério. E agora, diante dos filhinhos dos filhos, têm tempo livre (que os pais nem sempre têm), afeto disponível e, algumas vezes, dinheiro suficiente para dar aos netos.

• • •

Nem todos os avós, porém, dispõem de tanto tempo assim, pois, segundo o Censo 2000 do IBGE, o país tem 6 milhões de idosos com mais de 60 anos que sustentam filhos, netos e outros parentes. Eles também têm, portanto, papel financeiro fundamental na família brasileira.

Os avós são ao mesmo tempo a solução para "tomar conta do neto" e depositários das culpas e responsabilidades se lhe acontece algo de ruim, especialmente da parte de genros e noras. Logo, os pais que confiam suas crianças aos próprios pais enfrentam uma situação contraditória de dependência.

> **Os avós são ora grandes salvadores, ora grandes vilões na dinâmica familiar.**

É preciso muita saúde social para que os avós sejam imparciais na busca da ética e da humanidade relacional sem favorecer os filhos (em detrimento dos cônjuges) nem os netos.

A convivência, contudo, pode ser de muita valia, especialmente nos momentos de crise. Os avós podem até ficar com o neto por algum tempo quando o casal se separa e a mulher não tem condições de arcar sozinha com as despesas de uma casa.

Pessoalmente, acredito que pais e avós podem ser complementares na educação dos filhos e netos. A grande maioria dos pais, em luta pela sobrevivência financeira da família, não tem tempo de transmitir tradições nem a cultura familiar. A disposição dos avós de ouvir a criança é diferente. Portanto, eles podem desempenhar um papel complementar na educação.

> **É função dos avós temperar a educação com cultura complementar, contando histórias da família aos netos.**

Os pais precisam deixar muito claro o que desejam que pais e sogros façam com os netos. É comum deixarem tudo por conta dos "velhos", sem especificações, e, ao voltar, passam a criticar suas atitudes – sem perceber que é natural que os avós ajam diferentemente deles.

As maiores interferências surgem quando os avós discordam da educação que os pais dão às crianças, tentando, às vezes, corrigi-la se os consideram rígidos ou frouxos demais. Mesmo que os avós não concordem, eles devem ter consciência de que os principais educadores são os pais e que a coerência de atitudes das duas gerações beneficiará as crianças. Os pais, por outro lado, devem levar em conta a experiência de seus próprios pais e o fato de observarem a família de uma perspectiva diferente, dando espaço para diálogo e eventuais críticas (construtivas).

Dia dos avós

Quando não existe nenhuma possibilidade de acordo entre pais e avós sobre a educação das crianças, uma boa saída é estabelecer o "dia dos avós": tudo o que os avós permitem vale somente na casa deles ou quando os netos estão com eles. Na casa dos pais, vale o que estes determinam. Assim, as crianças têm a possibilidade de viver dois padrões diferentes compondo uma educação única.

• • •

Atendi uma garota de 15 anos que morava com os avós. Sua mãe engravidara na adolescência, quando ela gostava de atravessar madrugadas em festas. Os avós não confiavam nela, que ainda levava a vida agitada e sem compromissos, oferecendo um mau exemplo para a filha. Além disso, como essa mãe poderia corrigir na filha o que ela própria fazia?

• • •

Nesse exemplo, os avós são melhores educadores que a própria mãe. Porém, quanto mais bem-sucedidos são os pais, menos os avós devem interferir. Ainda mais quando se trata de avós que moram na casa dos filhos e se colocam como dependentes deles. Quando são os pais que moram com os avós, a situação se complica, pois os avós se acham no direito de educar os netos.

Se os pais constatarem que os avós realmente atrapalham a educação dos netos, convém organizar sua rotina sem eles. É interessante expor as razões, sem brigar, libertando-os de obrigações pedagógicas.

Com essa medida, o relacionamento familiar pode melhorar. Não é justo nem ético usar os "velhos" quando se precisa deles e depois reclamar. É agradecer mal a quem socorre. Assim como não é justo nem ético os "velhos" acharem que podem fazer o que bem lhes aprouver, contrariando todo o posicionamento educativo que os seus filhos estão estabelecendo. Nesses casos, talvez seja interessante restringir, dificultar ou até mesmo selecionar a visita deles, principalmente se eles não demonstrarem efetivamente mudança de conduta.

Já atendi a várias consultorias a famílias em vésperas de separação que melhoraram com o afastamento principalmente dos pais do homem. A mãe do homem tem uma tendência maior a competir com a nora – essa intrusa à felicidade que ela vivia com o filho. Marido é bem diferente de filho, e mãe também é muito diferente de esposa.

Uma boa distância física costuma ajudar a administrar essas diferenças. É como me lembrou uma *working-mother*, empresária e mãe de três filhos pequenos: "A sogra deveria morar não tão perto que viesse de chinelos nem tão longe que trouxesse o pijama...".

Animais de estimação também auxiliam?

Cada vez mais se discute a importância do animal de estimação no desenvolvimento da criança. Comprar ou adotar um animal de estimação não envolve só a criança, mas a família como um todo e também o próprio animal. Esses três aspectos devem ser bem analisados antes que a atitude seja tomada.

Para essa criança seria bom ter um animal de estimação? A família gosta de animais e está disposta a partilhar os cuidados do animal? O ambiente em que vivem é favorável para o bem-estar dele?

A primeira coisa que os pais devem ter em mente é que precisam gostar de animais e ajudar nos cuidados com eles. A não ser que o filho seja adolescente, não é real esperar que uma criança assuma sozinha os cuidados e obrigações (como limpar as sujeiras, colocar água e comida, passear frequentemente com um cão, escová-lo etc.). Ela pode desempenhar determinadas funções, mas deverá ser sempre acompanhada ou supervisionada por um adulto. Ela não sabe cuidar do animal intuitivamente, vai ser um aprendizado. Se esse aprendizado for bem-feito, bem aproveitado, certamente auxiliará no desenvolvimento da criança, e o animal ficará feliz e bem tratado.

Ao cuidar de um animal, os filhos podem aprender muito sobre responsabilidade, respeito, atenção, dar e receber carinho. Quando ficam bastante ligados ao animal, isso pode favorecer o desenvolvimento da empatia, quando veem nos animais sentimentos humanos e tentam acalmá-los, consolá-los e alegrá-los. Para as crianças intolerantes e impacientes, o animal pode ser um verdadeiro desafio, pois este não entenderá nem fará tudo como a criança quer e espera. Nesse caso, deve haver sempre algum adulto por perto para que a criança não desconte no animal suas raivas e frustrações.

Alguns animais em especial, como cães, podem dar verdadeiras lições de amor, proteção, companheirismo e lealdade. Mas, para que os filhos percebam isso, os pais devem chamar a atenção para esses valores e nomeá-los quando aparecem no comportamento do cão: o animal cria oportunidade de conversar e pensar em ações importantíssimas para a família e para a sociedade[5].

---

[5] Para saber mais, ler *Animals as teachers & healers:* True stories and reflection, de Susan Chernak McElroy. New York: Ballantine Publishing, 1997 (N.A.).

Quando a família adota ou compra um animal, simplesmente para satisfazer a vontade de um filho, sem assumir isso como mais um projeto na vida – cuidar bem do animal –, pode criar situações totalmente desfavoráveis ao desenvolvimento dos filhos, bem como para o bem-estar do animal.

Há alguns anos, surgiu a moda de ter furões (também conhecidos como *ferrets*) como animais de estimação. Todos os *pet shops* os vendiam, seus preços subiram, criaram-se coleiras e acessórios. Por um ou dois anos eles foram a grande diversão da criançada; logo depois, porém, havia um número enorme de furões abandonados nas ruas, doentes e desnutridos. Eles foram usados como brinquedos descartáveis e, diferentemente de outros animais, não sobrevivem abandonados, pois requerem cuidados especiais.

Essa é uma enorme lição que nunca deve ser dada a um filho, uma lição de descaso e abandono. Assim como aconteceu com os furões, acontece com muitos outros animais. Mesmo que não chegue ao extremo do abandono, quando o animal é deixado de lado na casa, como um objeto, recebendo apenas os cuidados básicos, está sendo dada uma lição de descaso, de falta de carinho e de compaixão. Quando se maltratam os animais, então, temos uma das melhores lições de covardia e violência que se pode dar aos filhos.

Numa família na qual os relacionamentos são tumultuados e difíceis, onde não há cooperação entre os membros, onde predomina a dinâmica do "folgado" e "sufocado"[6], o animal poderá ser mais um fator de estresse; seus cuidados serão empurrados de um membro a outro, gerando brigas e discussões, e pode até mesmo acabar sendo a gota d'água para desestruturar aquela família.

Por mais que o animal de estimação seja amado e querido, considerado parte da família, não podemos esquecer que se trata de um animal irracional e, por essa razão, as crianças pequenas não devem nunca ficar com eles sem supervisão de um adulto.

A parte que cabe à escola

Nos dias de hoje, as crianças vão para a escola cada vez mais cedo, com 2 anos mais ou menos. Há escolas, porém, que as recebem ainda mais novas. É raro hoje encontrar uma criança de 2 a 3 anos que ainda não a frequenta. Quando elas não estão na escola com essa idade, os pais têm a impressão de que subestimam o filho, sua capacidade, e que seu desenvolvimento ficará mais lento em relação às demais crianças. Realmente, a escola é um espaço importante de convívio para os pequenos, onde eles devem receber os estímulos adequados bem como os cuidados que ainda requerem pela pouca idade que têm.

Há trinta anos, os estudiosos do desenvolvimento infantil[7] dividiram a socialização em três etapas:

---

[6] "Folgado" é aquele que deixa tudo, mesmo suas próprias obrigações, para os outros fazerem, e "sufocado" é o que faz tudo, mesmo que não seja sua obrigação, mas que os outros deixam de fazer (N.A.).
[7] Fonte: *Child psychiatry*, de Leo Kanner. New York: C. Thomas Publisher, 1960 (N.A.).

- Socialização elementar: até os 2 anos, quando a criança aprendia a reconhecer e a educar às necessidades fisiológicas (vontade de fazer xixi, sede, fome).
- Socialização familiar: até 5 ou 6 anos, quando aprendia a conviver com o pai, a mãe, irmãos e demais membros da família.
- Socialização comunitária: a partir dos 6 anos, quando começava a vida escolar.

Atualmente, o contato social é bem precoce. Ainda sem completar a educação familiar, a criança já está na sala de aula. O ambiente social invade o familiar não só através da escola mas também pela televisão, internet etc.

Não se segue mais a ordem: primeiro o indivíduo, depois a família, por último a sociedade. Há uma mescla do ambiente familiar com o comunitário. Se isso prejudica ou não as novas gerações, é cedo para avaliar. Mas percebo que as crianças têm dificuldade de estabelecer limites claros entre a família e a escola, principalmente quando os próprios pais delegam à escola a educação dos filhos.

A rigor, a educação escolar é diferente da familiar. Não há como uma substituir a outra, pois ambas são complementares. Não se pode delegar à escola parte da educação familiar, pois esta é única e exclusiva, voltada à formação do caráter e aos padrões de comportamentos familiares. A escola nunca deve absorver a educação familiar, pois seu objetivo é preparar profissionalmente seus alunos, cuidando, portanto, da convivência grupal e social.

Para a escola, seus alunos são transeuntes curriculares, enquanto, para os pais, os filhos existem para sempre.

> **A educação com vistas à formação do caráter, da autoestima e da personalidade da criança ainda é, na maior parte, responsabilidade dos pais.**

• • •

Durante um programa de rádio em Belo Horizonte, atendi ao telefonema de um pai que fez a seguinte pergunta: "Coloquei meu filho aos 11 anos numa escola e ele saiu do terceiro colegial usando drogas. O que devo fazer?". Na pergunta estava implícito que o pai depositara a educação do filho nas mãos da escola; portanto, ela seria responsável pelo fato de ele usar drogas. Um silêncio tomou conta do estúdio. O que o pai pretendia era processar a escola. Foi quando lhe fiz uma singela pergunta: "Onde o senhor esteve durante todo esse tempo?". Ele desligou o telefone, porque, ao interromper a ligação, também descobriu a resposta: mesmo presente, ele não olhara pelo filho dos 11 aos 17 anos. Para a escola, esse jovem é só mais um ex-aluno; para o pai, esse filho é para sempre.

• • •

A escola na educação infantil

A escola sozinha não é responsável pela formação da personalidade, mas tem papel complementar ao da família. Por mais que a escola infantil propicie um clima familiar à criança, ainda assim é apenas a sua escola. E a escola oferece condições de educação muito diferentes das existentes na família. A criança passa a pertencer a uma coletividade, que é sua turma, sua classe, sua escola. É um crescimento em relação ao "eu" de casa, onde ela praticamente é o centro.

A escola oferece também atividades específicas conforme a idade das crianças, o que geralmente não acontece em casa, onde o ritmo da vida familiar costuma ser corrido, tentando sempre conciliar as necessidades e atividades de todos.

> **A escola percebe na criança facilidades, dificuldades e outras facetas que em casa não costumam ser observadas, muito menos avaliadas.**

Para que os pais possam conhecer realmente seus filhos, é importante estar bem informados de seu comportamento na escola. Embora não seja de sua competência, muitas vezes a escola pode orientar os pais a superar dificuldades domésticas com um determinado filho, antes que seja necessário tratamento psicológico. Muitas delas, por lidar com grande número de crianças, têm mais experiência com certas faixas etárias do que os próprios pais. A voz da experiência da escola, bem ouvida, pode ser bastante útil num momento em que a família está totalmente perdida sobre a maneira como deve proceder com o filho.

Se todos os pais soubessem dessa possibilidade de ajuda e tivessem a sabedoria de procurar a escola, muitos conflitos, desajustes relacionais, problemas de juventude, migrações e dificuldades escolares seriam, sem dúvida, resolvidos a tempo.

A escola, ao perceber qualquer dificuldade com seu aluno, poderia também chamar os respectivos pais e implantar a *educação a seis mãos*[8]. Juntos, pais e escola podem combinar os critérios educativos, levando em conta as duas mãos – a do coração (afeto e sentimento) e a da cabeça (razão e pensamento) – dos três personagens mais importantes da educação da criança: a mãe, o pai e a escola.

As famílias só mudam quando atingidas por algum evento muito forte. Por estar por dentro dos avanços culturais, a escola deve orientar os pais com leituras adequadas, esclarecimentos e palestras. Os pais precisam dessa atualização e inclusão.

---

[8] Para saber mais, ler o capítulo 10 de *Ensinar Aprendendo:* Novos Paradigmas na Educação, de Içami Tiba. São Paulo: Integrare, 2006, p. 145 (N.E.).

Pais & escola: bela parceria

Se a parceria entre família e escola se formar desde os primeiros passos da criança, todos terão muito a lucrar. A criança que estiver bem vai melhorar ainda mais, e aquela que tiver problemas receberá a ajuda tanto da escola quanto dos pais.

Quando a escola, o pai e a mãe usam a mesma linguagem e têm valores semelhantes, os dois principais contextos da criança, a família e a escola, demonstram uma segurança e coerência extremamente favorável ao seu desenvolvimento. Ao mesmo tempo, a escola assume para a criança um lugar de aliada, como mais uma interessada em seu bem-estar. Quando há conflitos entre família e escola, as crianças tendem a acompanhar quem mais lhes agradar, e os adolescentes em geral tentam tirar vantagens pessoais. Assim, quando os pais não concordam com a postura da escola, é diretamente com ela que devem resolver as discordâncias. Desse modo, a criança não se apoiará nos pais para se insurgir contra a escola.

Quando o filho se queixa de algum professor ou de alguma "injustiça" praticada pela escola, os pais devem pensar sempre que o filho pode estar sendo unilateral ou trazendo as informações distorcidas como melhor lhe convém; portanto, antes de acreditar piamente no que ele diz, é melhor que os pais tomem conhecimento de outras informações sobre o mesmo fato.

Já atendi alguns pais que foram à escola reclamar dos maus-tratos que o filho estaria recebendo, respaldados na ideia de que "meu filho não mente", e ficaram totalmente perplexos, perdidos e sem graça ao descobrir que haviam sido manipulados. O "querido filhinho" havia mentido, sim, e muito.

Quanto menos os pais souberem sobre seus filhos, maiores serão as chances de serem surpreendidos por queixas das transgressões que estes cometem. Não há outra saída senão os pais acompanharem de perto o que os seus filhos andam fazendo pelas baladas afora.

Qual é a melhor escola?

Já que a parceria entre família e escola deve ser estabelecida desde o princípio, é fundamental que a mãe e o pai escolham uma instituição afinada com os valores familiares. Convém prestar atenção aos seguintes aspectos:

- instalações físicas: espaço interno (salas de aulas, banheiros, bebedouros etc.) e externo (pátio aberto ou coberto, gramado ou cimentado, com ou sem brinquedos adequados etc.);
- recursos como biblioteca e computadores;
- corpo de funcionários: é importante não só conversar com a diretora ou a orientadora mas também com professores e bedéis. É com eles que as crianças convivem no dia a dia;
- alunos: observar o comportamento dos alunos que frequentam a escola e conversar com eles para saber o que acham da escola, se gostam ou não de estudar lá;

- regras: se para os alunos são muito rígidas ou permissivas demais em relação ao que seus filhos precisam;
- localização geográfica: a proximidade é um fator que deve pesar na escolha da escola, mas não deve ser determinante.

Quando têm mais de um filho, os pais devem observar a escola com lentes diferentes para cada um. É muito cômodo que os filhos estudem na mesma escola, mas, como as personalidades são diferentes, a escola boa para um pode não ser boa para outro. Por isso, observar os alunos que saem da escola após o término das aulas pode ser um bom método para a escolha da escola. É com essas pessoas que o filho vai se relacionar. Os pais gostariam de recebê-las em casa para passar o fim de semana? Se a resposta for negativa, é melhor buscar outra escola, pois o filho em pouco tempo terá comportamento semelhante ao daquelas crianças.

• • •

Mesmo após seleção criteriosa, alguns pais ou mães se sentem tão angustiados com a nova situação que acabam dificultando a adaptação do filho à vida escolar. Os filhos, ainda mais os menores, têm uma enorme capacidade de perceber nosso estado sem que haja comunicação verbal. São muito atentos a expressões e tons de voz, por exemplo. É natural que o pequenino manifeste uma certa dificuldade em se separar da mãe – quanto menor for, maior a dificuldade. A tranquilidade e a segurança dos pais favorecem a separação transitória. Portanto, eles devem estar tranquilos de que a decisão tomada foi correta.

Há mães que não chegam a chorar, mas seus olhos imploram "Filho, fique comigo", embora as palavras o incentivem a ir com a professora. Eis aí a famosa dupla mensagem. É frequente que, no período de adaptação, as crianças chorem escandalosamente na frente da mãe, resistindo a entrar na escola, mas, uma vez dentro dela, mudam completamente e ficam felizes ao lado dos coleguinhas em menos de 10 minutos.

Os pais devem preparar a ida para a escola com observações como: "Você vai brincar, fazer coisas que não faz em casa, ter amiguinhos, pintar, ir ao parquinho. Depois, você conta tudo pra mamãe (ou pro papai)?".

> Quando a criança sabe que poderá contar tudo aos pais, sente-se mais forte e participativa. Depois, eles devem ouvi-la atentamente. É a maneira de estarem presentes mesmo ausentes.

A arrumação da mochila escolar

Ao arrumar a mochila escolar, deixe, sempre que possível, a criança ajudar. Permita que ela escolha um dos lanches, pois isso lhe dá a sensação de domínio da situação. E faça seu filho carregar o que ele puder. A mãe não deve levar tudo – mochila, lancheira, pasta, agenda, brinquedo, trabalhinho – enquanto a criança corre na frente com as mãos livres.

> **A mãe não deve confundir o desejo de ajudar com o de fazer tudo pelo filho.**

A mãe que carrega a mochila para a escola está deseducando o filho. A intenção amorosa é boa, mas o filho está sendo amputado no que ele é capaz de fazer. Assim ele usufrui uma liberdade dependente, isto é, sua liberdade depende do esforço de outra pessoa. Esse é o perfil do "folgado", já que a mãe se ofereceu para assumir o de "sufocada". A mãe pode empregar de forma mais adequada a energia desperdiçada no ato de preparar e carregar a mochila; no acompanhamento do rendimento escolar e comportamental do filho, por exemplo.

Evitando a repetência escolar

Geralmente a repetência escolar começa já nas primeiras provas do ano, quando o aluno começa a ir mal em algumas matérias. O importante é recuperar-se o quanto antes, sem deixar para estudar na última hora. As crianças e os adolescentes tendem a largar a atividade que rende pouco e, com isso, acabam indo de mal a pior. Empenham-se mais naquilo em que vão bem: do bom para o melhor.

Se os pais acompanharem o rendimento escolar do filho desde o começo do ano, poderão identificar precocemente essas tendências e, com o apoio dos professores, reativar seu interesse por determinadas disciplinas problemáticas.

A tarefa de estudar é do filho, só dele; portanto, quando já tiver idade para isso, é ele que irá escolher o horário e o método de estudo, mas somente poderá dedicar-se a outras atividades depois de dar uma aula aos pais sobre a matéria estudada, usando as próprias palavras e demonstrando não ser decoreba. Essa aula é a parte mais importante do estudo, pois o filho está transformando a informação recebida em conhecimento.

Estudar é obrigação

O saber é essencial, portanto estudo não se negocia. Não cabe ao filho decidir se estuda ou não. Ele tem que estudar e pronto. Como vai estudar? Aí cabe a possibilidade de conversar e negociar horários etc.

> **A escola é essencial para a vida. Não pode estar sujeita a caprichos infantis.**

Em ambientes em que o estudo tem valor, a cultura é privilegiada, os pais valorizam o aprendizado, compram livros e revistas interessantes e leem jornal, é raro a criança não querer estudar. O melhor estímulo para aprender é a curiosidade. Pode-se estimular a curiosidade do filho perguntando a ele como funciona um brinquedo, as regras de um jogo de que ele gosta, o que achou do enredo do filme a que assistiu etc. Criança gosta de demonstrar conhecimentos e de exibir suas habilidades manuais.

Educação é qualidade de vida e saúde social. Em banheiros públicos, os que têm mais educação consomem menos papel-toalha e limpam a pia com o próprio papel que usaram antes de jogá-lo no lixo (mesmo que a lixeira fique longe). Pessoas com cultura e pouca educação gastam mais papel-toalha, não limpam a pia e, caso a lixeira não fique perto, jogam no chão os papéis usados. Quer dizer, quem tem cultura e educação tem mais saúde social. Vive melhor quem tem cultura, pois está mais capacitado a superar obstáculos e resolver problemas do cotidiano. Bem informado sobre as doenças e a ação dos medicamentos, quem tem cultura e educação segue as orientações médicas e obtém resultados melhores com os tratamentos, entende muito melhor os projetos preventivos.

Quem tem diploma universitário ganha melhor do que aquele que cursou somente o ensino fundamental, e cada ano de estudo representa 15% a mais no salário. Ganhar mais, porém, não garante uma boa educação. Não é à toa, portanto, que os pais devem exigir que os filhos, além do estudo, tenham educação, pois ambos são importantes para sua independência financeira e autonomia comportamental.

Lição de casa e autoestima

Se a mãe e o pai querem que os filhos se saiam bem na escola, é essencial que estimulem a criança e o adolescente a tirar proveito do estudo feito em casa. Uma dica importante é não estimular a decoreba, a indigestão do aprendizado[9], quando o aluno apenas repete a matéria sem refletir sobre seu conteúdo. Com isso, ele não sabe usar a informação em outros contextos, pois não a absorveu como conhecimento.

Em vez de estabelecer horários para a criança estudar ou controlar seu estudo, insisto em que os pais devem pedir a ela que lhes dê uma aula sobre o que estudou, usando as próprias palavras. Se tiver aprendido mesmo, ela saberá transmitir seus conhecimentos.

Em geral, as escolas dão tarefas de casa que a criança é capaz de fazer sozinha. Para alguns pais, as tarefas podem parecer muito complicadas perto das que tinham com a mesma idade, mas é necessário entender que a maneira como acontece o aprendizado

---

[9] Para saber mais, ler "Decoreba provocando indisciplina", em *Disciplina:* Limite na medida certa – Novos paradigmas, de Içami Tiba. São Paulo: Integrare, 2006, p. 114 e "Decoreba: a indigestão do aprendizado", em *Ensinar aprendendo:* Novos paradigmas na educação, também de Içami Tiba. São Paulo: Integrare, 2006, p. 115 (N.E.).

vem mudando radicalmente nos últimos anos. Cada vez mais o aluno é levado a descobrir as soluções, achar seus próprios caminhos. Na geração dos pais havia, muitas vezes, um modelo certo para cada tipo de exercício. O caminho não era uma descoberta, mas sim algo dado pronto. Para alunos que já desfrutam um novo ensino baseado em novos paradigmas – como o construtivismo de Jean Piaget –, as tarefas são mais envolventes e interessantes para eles, porém mais nebulosas para os pais.

> **Quem sabe fazer aprendeu fazendo. Se o filho sabe estudar, aprendeu estudando. Ninguém pode estudar por ele. Conhecimento cada um constrói o seu, não se ganha pronto.**

O que leva alguns pais e mães a fazer as lições de casa dos filhos? Intenção de prejudicar, eles certamente não têm. Mas acabam prejudicando. O propósito é adoçar a pílula, facilitar a vida do filho. Por que o pobrezinho tem de se esforçar tanto se em pouco tempo eles podem fazer o que o filho levaria a tarde inteira? Porém, fazer significa aprender.

Como não aprendeu, a criança perde aquela parte e está sujeita a ter mais e maiores dificuldades na aula seguinte. Estudo é progressão – portanto, ela vai de mal a pior. Crianças precisam de apoio quando vão mal. Se vão bem, dispensam esse apoio, pois aprendem depressa.

É essa uma boa oportunidade de ensinar ao filho que existem diferenças entre as pessoas. Mostrar que ele pode ser ruim numa coisa e bom em outra. Não é porque vai mal numa disciplina que irá mal nas outras, recebendo a qualificação de mau estudante. No entanto, se abandonar a disciplina em que já está mal, a situação só vai piorar...

Seja como for, eles devem estudar primeiro a matéria de que não gostam, pois aquilo de que gostam estudam a qualquer hora.

Com a criança obesa, a situação se inverte: primeiro ela come aquilo de que mais gosta, pois pode deixar com mais facilidade no prato aquilo de que não gosta. Se comer primeiro os alimentos de que não gosta, depois não vai rejeitar o outro de que gosta, embora esteja satisfeita. Nos estudos, se ela deixar para depois a disciplina de que não gosta, será mais difícil estudá-la quando não tiver mais disposição.

> **Nas tarefas escolares, ajudar não é fazer pelo filho. Quem tem de fazer é a própria criança.**

Ela tem dificuldade de pintar? Não importa. A pintura ficou feia? Deixe seu filho levar um trabalho ruim para a escola. É desse ponto que começa a melhora, pois a prática também ensina. A melhora é um excelente estímulo para progredir. E o que ele fez serve de base para dar o passo seguinte.

Se a mãe fez o trabalho, qual é a base do filho para dar o passo seguinte? Como fazer algo mais feio do que já fez? Assim, a mãe, além de não ajudar, prejudica a autoestima da criança, porque tira sua possibilidade de realização. É da prática que nasce a perfeição. Ao comparar seu desenho com o da mãe, o filho pode sentir-se diminuído.

Pais que se antecipam na ajuda ao filho, sem esperar que ele a peça, podem transmitir a impressão de que não acreditam que ele é capaz de fazer sozinho. Assim ele acaba desacreditando de si mesmo. Não há autoestima que resista a esse descrédito. Caso a mãe deseje ensinar, deve fazê-lo em outra folha, e não na da escola. Nessa folha avulsa, ela pode escrever, pintar e desenhar. A folha da escola é responsabilidade da criança.

A criança sabe da verdade: não foi ela que fez. Sente a autoestima quebrar-se dentro dela e julga-se cada vez mais incapaz de fazer o que poderia. E o pior: ao entregar um trabalho feito pela mãe, está mentindo. Tudo fica pior quando os pais confirmam de pés juntos que foi o filho que fez.

Sobretudo nos primeiros passos na escola, os pais não devem contratar professores particulares. Levem a dificuldade à escola, contando com os professores para ajudar o filho a superá-la, e não com recursos extraescolares.

Uma das funções educativas mais importantes é capacitar o filho para a sobrevivência.

> **A autoestima é o que rege a qualidade de vida, resultante de escolhas comportamentais mais satisfatórias, competentes e cidadãs.**

A criança precisa sentir-se amada. Esse amor que vem de fora (dos pais) para dentro (criança) vai se transformar em autoestima essencial. À medida que a criança cresce, a autoestima se alimenta da capacidade de realização. Cada vez que ela consegue encaixar um objeto de seu brinquedo pedagógico no lugar correto, sente um grande prazer e o manifesta num sorriso ou até mesmo batendo palminhas, numa espécie de auto aplauso. Assim se forma a autoestima fundamental.

O alimento da autoestima também muda conforme a idade. É como o alimento físico. No começo o corpo é nutrido somente de leite. Conforme amadurece, a criança precisa de outros nutrientes. O cardápio vai aumentando até chegar à feijoada. Ao encaixar objetos, fazer as próprias lições e até mesmo futuramente enfrentar desafios, a criança fortalece a autoestima.

Qual é o alimento para autoestima quando o filho é avaliado pelo trabalho feito pela sua mãe? Ao praticar, a criança aprende mais que apenas ouvindo. A memória da ação é mais intensa que a da compreensão. Aliás, com os adultos também é assim. Ao fazer pelos filhos o que eles já são capazes de fazer, a mãe e o pai alimentam uma falsa alegria e inviabilizam o desenvolvimento da capacidade de serem felizes.

Capítulo 6

Pais separados...

...que ainda vivem juntos

Imagine um barco cujos tripulantes são o pai, a mãe e os filhos. A tragédia seria o barco afundar e todos morrerem afogados. De repente, começa a entrar água no barco. Então o marido ou a mulher, em vez de ajudar a tirar a água, começa a reclamar com o cônjuge: "Antes de sair, você não verificou se o barco estava bem vedado?". Enquanto isso, o outro tira a água freneticamente. Pois isso não é uma família, é apenas um agrupamento de pessoas. Elas estão juntas na mesma situação, mas não unidas.

Se a esposa está com problemas em casa e, em vez de ajudá-la, o marido a critica, não está fazendo nada para melhorar. Se ele vai mal na empresa, está sob ameaça de desemprego, e ela o desqualifica, isso em nada contribui para tirá-lo do buraco.

Quando o filho vai mal na escola, há pai que, em vez de ajudá-lo a superar as dificuldades, culpa a esposa. Se o filho lhe responde mal, em vez de pedir explicações ao filho, cobra da mulher: "Tá vendo como está seu filho? Também você não para em casa". Por sua vez, ela retruca: "Você é o culpado, porque nunca deu atenção aos filhos, seu egoísta e omisso!". E vai daí para pior... Isto é, o barco vai para o fundo.

Se o filho está infeliz porque brigou com a namorada, o pai lhe oferece dinheiro para ir ao shopping e a mãe o consola: "Não tem importância, mamãe te ama". E o filho continua infeliz.

A falta de sintonia entre os familiares é indício de grave doença relacional.

Não tem importância que um ou outro membro da família não saiba tirar a água que invade o barco. Em momentos difíceis, eles devem unir forças para não deixar o barco afundar. É essa atitude que faz uma família saudável.

Nas últimas décadas, essa instituição vem enfrentando inúmeros desafios, que muitas vezes pegam de surpresa a mãe, o pai e os filhos. Atravessar tormentas sem afundar ou, pelo menos, evitar que os passageiros se afoguem exige maturidade da tripulação e uma forte motivação de somar forças, de ajuda mútua.

Separação dos pais

Os sinais de que o relacionamento vai mal aparecem muito antes de o casamento naufragar.

- Sinal amarelo congelante. Começa a haver afastamento físico. O diálogo diminui, pois não há assunto entre o casal. Nada mais é compartilhado entre eles. O que está mal, em vez de ser resolvido é simplesmente jogado debaixo do tapete. A solicitude diminui. Um dos dois (ou ambos) não está mais disponível como antes. Não tem disposição nem disponibilidade para nada que se refira ao casal. Para de prestar atenção no outro. Nem percebe quando ele(a) está aborrecido(a). Um está muito preocupado com uma reunião importante, e o outro nem se interessa. Não dormiu a noite inteira, ficou de cama, doente, e o cônjuge não se importou. Se o casal pensa que os filhos nada percebem, está totalmente enganado, pois eles percebem e muito. Só não sabem o que fazer, mesmo querendo ajudar. Eles pisam em ovos.

- Sinal amarelo explosivo. Os cônjuges explodem por tudo e por nada, zerando a tolerância. Nada lhes agrada, e qualquer tentativa de retratação é recebida com agressão. Fazem-se acusações mútuas e responsabilizam sempre o outro por tudo de ruim que acontece com a casa, as crianças e mesmo no relacionamento com a grande família. Sobram estilhaços para todos os lados, e os mais atingidos são os filhos, que geralmente nada têm a ver com essa guerra. Os filhos pedem que os pais se acalmem, mas já começam a questionar o casal. Para que viver juntos se brigam a toda hora? Os pais devem procurar ao máximo não envolver os filhos. Se há algo que os pais não devem dizer é que estão juntos por causa dos filhos. Os filhos não têm a responsabilidade sobre o que acontece com o casal.

- Sinal amarelo congelante-explosivo. Como cada cônjuge tem seu ritmo, pode acontecer de um deles estar congelando por desinteresse afetivo e o outro explodindo por não suportar a situação. Começam a surgir partidarismos dos filhos e manifestações de solidariedade e/ou rejeição a cada um dos pais. Condenam quem explode e reclamam daquele que se cala.

- Sinal vermelho. A maioria das pessoas parece mais atraente que o cônjuge. Quando se deixa de gostar de alguém, é comum olhar outras pessoas e imaginar situações de intimidade com elas. O conflito transborda para fora do casamento, envolvendo novas pessoas. Não liga para o(a) companheiro(a) em casa, mas se derrete inteiro(a) por terceiros. Os filhos costumam reprovar o que pula fora. Geralmente apoiam aquele(a) que está sofrendo mais.

- Sinal roxo. Um cônjuge, ou ambos, além de não sentir falta do outro, é tomado por uma sensação de alívio quando fica sozinho. Não há mais motivo para continuarem juntos. É um sinal terrível! Os filhos também já estão pedindo que os pais se separem de uma vez.

- Sinal preto. Um cônjuge quer eliminar o outro de sua vida. O clima fica tão ruim que o que eles querem mesmo é "matar" o outro: "Ainda que custe minha vida, acabo com ele(a)". Isso é tão sério que, mesmo depois de separados, continuam com o desejo de matar, em seu sentido mais amplo: judiar, ofender, menosprezar, diminuir, ridicularizar etc. Nesse sentido, ambos acabam mais usando os filhos para seu próprio interesse que atendendo às necessidades deles.

O fatídico almoço de domingo

A dor do cônjuge traído é muito forte e duradoura. E não tem hora certa para atacar. Num belo domingo, a família vai almoçar no restaurante. Todo mundo feliz. O traído percebe o cônjuge olhando para outro lugar. É impressionante! Olha na direção em que o cônjuge olhou e descobre ou acha que descobriu o(a) rival. Esquece-se da presença dos filhos e ataca: "Você não tem jeito mesmo! Apronta até na minha frente!". Os ataques podem ir da ironia fina à franca agressão.

> Se eles querem conversar a respeito de traição, que seja em situação conjugal, e não familiar. Os filhos não devem participar das dificuldades conjugais.

O almoço de domingo é excelente quando todos estão bem, mas, quando há ressentimento, mágoa, ciúme, rejeição, raiva e desdém, é preciso ficar atento, pois qualquer motivo é pretexto para um atingir o outro.

Alimentando a autoestima familiar

O tempo de convivência familiar diminuiu bastante, mas comer continua sendo necessário. É importante que os pais deem mais importância à companhia dos filhos e ao papo que rola solto do que à refeição propriamente dita. A boa convivência familiar é o melhor alimento da autoestima, é o que leva à saúde social.

Um dos filhos diz que não tem fome, outro que não quer comer. Então que não comam, mas devem sentar-se à mesa para papear com todos, trocar ideias, contar piadas, fatos interessantes, acontecimentos inusitados, fofocas, procurando atualizações mútuas. O importante é que o clima seja agradável: não é hora de cobrar dívidas, dar broncas, chamar a atenção ou conversar sobre assuntos que diminuam, ridicularizem ou constranjam alguém. Para tudo isso, há outros momentos mais oportunos.

Nessa hora não vale ficar isolado no quarto, mesmo plugado no mundo via internet, ou largado na frente da televisão, ou até curtir um iPod, com o som radical despejado diretamente no cérebro através dos fones de ouvido, muitíssimo menos entabular uma longa, pausada e/ou apaixonada prosa ao telefone...

O pai, também, tem mais é que deixar os relatórios do trabalho de lado, e a mãe não ficar apenas preocupada se todos estão comendo bem, ou se comportando educadamente à mesa. O mais importante é a presença física e psíquica de todos. Depois faz-se o mutirão da retirada dos pratos com a participação de todos. Até a caçulinha pode levar sua colher para a pia.

> O ambiente de time familiar se forma nessas reuniões, que dão a cada um a sensação de ter alimentado a alma. É uma das maneiras mais práticas de todos se envolverem com todos, de se atualizarem com o que acontece a cada um. Surge o espírito de equipe, de família, de pertencer.

Quanto mais os familiares se reúnem, mais assuntos têm para as próximas reuniões. Quem não pode participar sente falta do time, e o time se ressente de sua ausência. Desenvolve-se a sensação de pertencimento, que fornece o alimento para a autoestima grupal (o orgulho e o bem-estar de pertencer a um grupo ao qual se dedicam integralmente).

Se for impossível alimentar a alma todo dia, sejam quais forem os motivos, a família deve organizar-se para que ao menos uma vez na semana aconteça a reunião familiar, na qual comidas e bebidas são caronas.

Quem pertence a um time familiar (grupo) tão forte não fica tentado a participar de grupos como fanáticas seitas religiosas, traficantes ou usuários de drogas etc.

De quem é a culpa?

Alguns casais já estão definitivamente separados, mas não assumem essa condição perante os filhos. A mamãe diz: "Papai está viajando a negócios". Ou utiliza argumentos ainda mais esfarrapados: "Está trabalhando muito, anda estressado". E mantém os filhos na ignorância, na ilusão de que não perceberam nada.

O pior é o comportamento duplo: o casal vai muito mal e perante os filhos finge estar bem. Não é raro dormir em quartos separados com uma desculpa qualquer. É necessário manter a privacidade do casal, mas o esforço de sustentar uma situação fictícia nem sempre compensa: a certa altura as crianças acabam percebendo que alguma coisa não vai bem. *Não é saudável aparentar algo que não existe.*

A maneira como o pai e a mãe enfrentam a separação e suas consequências pode influir na vida futura dos filhos. Alguns casais prometem nunca se separar após o casamento, custe o que custar. Outros separam-se com doentia facilidade diante de qualquer contrariedade.

O melhor caminho é a verdade. Os cônjuges não estão mais se entendendo? Não há mais condições de convivência? Os sinais do mau relacionamento estão muito avançados? Está na hora de o casal resolver a situação. O que não deve é desgastar tanto o relacionamento a ponto de os filhos não conseguirem escapar de problemas que não são deles.

Pode ser que eles resolvam se separar. Serão ex-cônjuges, mas ele continua sendo pai, e ela, mãe. Não devem tornar-se também ex-pais, pois os filhos são para sempre.

• • •

O ciúme bem dosado pode ser um tempero da relação. Mas o ciúme doentio, com certeza, maltrata todos os envolvidos, inclusive os filhos. O importante é preservar a individualidade, porque lidar bem com o cônjuge é uma manifestação de saúde que pode ajudar a se relacionar melhor com os filhos.

Síndrome de Alienação Parental é quando um ou mais filhos se negam a qualquer tipo de contato com um dos pais. Esta atitude é construída dentro da criança pelo outro (pai ou mãe) através de argumentos e acusações falsas para denegrirem a imagem do ex-parceiro[10].

Conversa com os filhos

A separação de um casal sem filhos costuma ser mais simples do que a separação com filhos. O casal sofre, mas não envolve tanto outras pessoas. E, além disso, nos dias de hoje, a separação de bens quase sempre já está prevista no contrato de casamento.

Quando o casal tem filhos, a situação se complica. Inclusive o distrato de casamento é rigorosamente julgado para que os filhos não sejam prejudicados. É preciso, ao conversar com eles sobre a separação, que os pais sigam algumas regras claras e compreensíveis em relação às questões básicas:

- explicar o motivo da separação (sem entrar em muitos detalhes nem em questões subjetivas);
- informar quando e como será (informações práticas);
- explicar o que acontecerá com eles (sem responsabilizá-los nem envolvê-los, estando porém abertos a ouvir seus desejos);
- dar guarida a todos os sentimentos dos filhos;
- responder a todas as perguntas pertinentes;
- reforçar o fato de que os pais não serão ex-pai nem ex-mãe.

O melhor momento para falar da separação com os filhos é *depois de estar seriamente assumida pelo casal*.

Infelizmente não é o que costuma acontecer. Geralmente um dos cônjuges está secretamente envolvido com outra pessoa e vai saindo de casa aos poucos. Talvez o outro tenha percebido há tempos, mas, para não prejudicar os filhos, sofre calado. Contudo há situações em que toda a família é surpreendida.

Não há motivo para conversar com os filhos a cada momento sobre tudo o que acontece com o casal: se saíram juntos, se brigaram, se estão pensando em se separar etc. Mesmo que sejam afetados, os filhos não devem viver a situação conjugal. Mesmo sem esconder fatos, é preciso poupá-los dos sinais amarelos, sejam congelantes, sejam explosivos.

---

[10] Para saber mais, ler "Síndrome de alienação parental", de Priscila M. P. C. da Fonseca, *Revista Brasileira de Direito de Família*, v. 8, n. 40 (N.A.).

A melhor forma de comunicar é criar um momento de conversa do casal com todos os filhos[11]. Isso evita que cada um receba a mesma notícia de maneira diferente, não só porque os pais podem realmente falar de conteúdos e formas distintas mas também pelas diferenças de idade entre eles, o que leva a diferentes divagações, muitas vezes sofridas e desnecessárias.

Nem sempre essa solução é possível, pois é difícil juntar pais já separados, sobretudo quando restam conflitos conjugais mal resolvidos. Se resolverem conversar separadamente com os filhos, devem tomar cuidado para não deixá-los na posição de árbitros ou de prêmios, sem acusar o cônjuge ausente, que não tem como se defender, nem mobilizar os filhos contra ele à medida que manifestam seus sofrimentos, maximizados ou não.

> **Convém lembrar sempre que o filho, além de não sair fortalecido se um dos pais for massacrado (justa ou injustamente) pelo outro, vai ficar inseguro e com maus sentimentos dentro de si.**

O melhor lugar para ter essa conversa é a própria casa, sem interrupções de nenhuma natureza. É importante reservar bastante tempo, para que todos os filhos sejam ouvidos. Não se deve interromper o fluxo das emoções. Raiva, culpa, lágrimas ou agressividade têm de ser expressas. Os pais devem responder de forma clara mas não fria às perguntas, com o cuidado de delimitar o que é problema conjugal e o que diz respeito ao relacionamento entre pai e filhos e mãe e filhos. Teoricamente, os dois últimos não deveriam mudar. Por isso é preciso que aquele que for atingido de forma indevida tenha espaço para se manifestar.

A ideia de conversar fora de casa pode não ser tão boa, pois em ambientes estranhos os filhos tendem a ficar pouco à vontade para expor seus sentimentos, pensamentos e sensações, ainda mais se for um lugar público. Não devem ser locais onde haja outros afazeres que concorram com a conversa nem pessoas muito próximas; um bom lugar são restaurantes.

Às vezes, ao receber a notícia da separação, os filhos a aceitam sem reação, isto é, "engolem o sapo". Digerido ou não, com o tempo o sapo terá de ser eliminado. Então podem surgir reações aparentemente inesperadas, através de comportamentos que escapam ao controle, como queda no rendimento escolar, grande apatia, insônia, isolamento e até mesmo somatizações, como dores de cabeça, de estômago e de mau funcionamento intestinal. Tudo pode doer. É o corpo chorando as lágrimas que os olhos contiveram.

> **Distúrbios fisiológicos e psicológicos dos filhos podem ser lágrimas do corpo que os olhos não puderam chorar.**

---

[11] Leia mais sobre o assunto no trecho "Pais separados", do livro *Seja feliz, meu filho!*, de Içami Tiba. São Paulo: Integrare, 2006, p. 153 (N.E.).

Durante a conversa, pai e mãe precisam ficar atentos para não responsabilizar os filhos nem arrancar promessas de ninguém, evitando ao máximo acusações e cobranças mútuas. Devem deixar bem claro que os filhos não têm culpa nem poder de separar ou unir o casal e que a responsabilidade de pai e mãe e relação afetiva deles com os filhos não se desfazem jamais. Contudo, como ex-cônjuges, eles terão de fazer modificações que afetarão a vida da família.

É comum crianças pequenas pensarem que os pais resolveram se separar por causa de algo errado que elas fizeram: "eu não vou bem na escola"; "papai está bravo comigo, por isso vai embora". A criança pode se culpar e se responsabilizar pela separação por ter sentido ódio do pai ou da mãe por qualquer razão e desejo de não vê-lo mais pela frente. Isso é natural, pois as crianças pequenas veem o mundo de forma egocêntrica.

Cada filho tem sua capacidade de compreensão e de absorção, o que o leva a uma interpretação única da realidade. Os pais precisam encontrar estratégias que tragam menos sofrimento à família, lembrando que a criança sente, pensa, age e existe de maneira muito diferente do adolescente.

Não é possível evitar o sofrimento dos filhos com a separação. Mas há separações obrigatórias, para que eles sejam preservados – é o caso das famílias muito desestruturadas, com pai (ou mãe) dependente químico, desequilibrado, violento, que assedia sexual e moralmente os filhos. Nesse caso, a separação é solução e traz alívio para todos.

> **Nenhum casal se separa para piorar, e sim para melhorar a vida, mas pode piorar muito se continuar brigando após a separação.**

Há ex-cônjuges que não se falam. Quando se encontram, discutem e brigam. Ambos tumultuam a vida dos filhos porque os utilizam descaradamente para descarregar emoções e conflitos não resolvidos. O melhor a fazer nesses casos é assumir a incapacidade de resolver a situação e delegar poderes a pessoas capacitadas, como advogados e representantes apropriados, pertencentes ou não às famílias dos querelantes mas de absoluta confiança de ambas as partes.

Universo dos "ex"

Ao longo da vida pode-se trocar de companheiro, desde que a morte do amor os separe. Viver bem juntos é desejável, mas viver unidos pelo compromisso firmado no passado, quando nada mais existe entre ambos, é pouco saudável. Como disse o grande poeta Vinicius de Moraes, o amor é infinito enquanto durar.

> **O homem e a mulher se comportam de modos distintos na separação. Os bens são divididos: ele fica com os bens materiais, o dinheiro; ela com os bens afetivos, os filhos. Hoje essas divisões são menos radicais.**

Hoje em dia não é raro que a mulher separada com filhos volte a morar com os pais, principalmente por questões econômicas e administrativas. Não é uma reminiscência machista, pois, quando há possibilidade, a maioria prefere continuar morando em sua casa com os filhos enquanto o marido procura outro lugar para morar.

Percebo que homens separados agem de forma muito diferente. Alguns homens desaparecem da vida dos filhos e se comportam como se fossem solteiros. Saem de casa e vão para um *flat*, abandonando o esquema familiar. Se têm dinheiro, querem morar sozinhos e aproveitar a liberdade. Se querem liberdade, é porque se sentiam presos e vivem um período de nomadismo sexual. Às vezes, cumprem apenas o que a lei determina em relação à antiga família. Acabam se transformando em "ex-pais".

Entretanto, o homem tem evoluído, e alguns, ao "montar" sua moradia, têm condições de reservar também um ambiente para os filhos – que podem dormir lá nos fins de semana ou em qualquer outro dia. Esses ex-maridos não vão se transformar em ex-pais. E os filhos podem contar com eles, pois muitas vezes os pais se revelam até mais participativos do que antes, quando eram casados com suas mães.

Recentemente, vi um homem trocar as fraldas de uma menina com menos de 2 anos de idade num assento de avião em pleno voo. Constatei que eram pai e filha. Trocar fraldas do bebê em casa muitos pais já fazem, mas viajar sozinho com criança que ainda come "comidinhas de bebê" e usa fraldas é um bom avanço para não se transformar em ex-pai.

De modo geral, o homem descasado se ufana da nova independência e autonomia. Logo arruma companheiros(as) para a farra. Enquanto isso, a mulher ainda se sente desvalorizada se não tem um companheiro ou uma relação estável. Quando isso acontece, não raro ela acaba tentando compensar a frustração afetiva conjugal exagerando no papel de mãe. Acaba sendo hipersolícita para os filhos e continua exaurindo a sua própria autoestima por não estar se realizando. Nem sempre, porém, os acontecimentos seguem esse padrão. Há homens que sofrem muito ao serem "largados" pelas mulheres, que ficaram com os filhos. Há também mulheres que ficam muito mais soltas e saem à noite, viajam com amigas, realizam sonhos (antes) impossíveis, inclusive assanhamentos até então impensáveis.

Em geral, a mulher fica com os filhos e tenta manter a dinâmica familiar. Se arruma um namorado, ele entra numa família constituída. Portanto, ela continua no esquema familiar, enquanto o ex-marido volta à vida de solteiro. Às vezes os filhos manifestam o desejo de morar com o pai. Nesses casos é preciso averiguar se o interesse dos filhos se deve ao afeto ou à possibilidade de ter uma vida economicamente mais folgada e psicologicamente mais solta que na companhia da mãe.

O homem separado tem a liberdade de fazer o que quiser. Mas logo percebe que precisa cuidar das próprias roupas, da comida e de tudo o que era feito ou cuidado antes pela esposa. Nem sempre ele consegue estruturar a vida sem a ajuda de uma mulher.

Viver sozinho por aventura pode ser gostoso, mas por obrigação pode tornar-se um tanto difícil. Não raro o homem se descuida da roupa, alimenta-se mal e desorganiza às vezes até mesmo a vida profissional. A sensação de independência e autonomia logo se transforma em solidão, e ele acaba ficando mais sujeito a doenças psicossomáticas, ao abuso de drogas e à depressão. Geralmente esses são os sintomas que podem surgir de um ex-marido que se tornou também um ex-pai.

Separada e exuberante

Quando o homem é machista, a mulher se liberta com a separação. Do ponto de vista pessoal, ela em geral sai ganhando. Com maior autonomia, cuida-se mais, empenha-se no trabalho, tem mais possibilidades de participar de reuniões e de viajar. Deixa de ser "uma mulher do lar que trabalha" e adquire o *status* de "pessoa que trabalha e tem um lar". É a *working-mother*.

Famílias unipessoais

Morar sozinho é uma tendência mundial. Somente na cidade de São Paulo há 318 mil famílias unipessoais, sendo 42% do sexo masculino e 58% do feminino, compondo 10,7% dos lares existentes, mapeados pelo IBGE no Censo 2000. Em todo o Brasil mais de 4 milhões de pessoas vivem sós.

É muita gente morando sozinha? Então saiba que São Paulo está em oitavo lugar no país, pois em primeiro vem Porto Alegre, com 17,2%, em seguida Rio de Janeiro (13,6%), Florianópolis (12,9%), Vitória (11,9%), Curitiba (11,3%), Belo Horizonte (11%) e Salvador (10,8%). Na comparação com duas cidades dos Estados Unidos, lá esse percentual é ainda maior: Washington (39,5%) e Nova York (27,2%).

Existe também um movimento em sentido contrário: o dos filhos maduros que trabalham mas ainda moram com os pais. Aqueles que moram sozinhos enquadram-se em dois perfis:

- viúvos com filhos crescidos que saíram de casa – grupo composto na maioria de mulheres que não quiseram casar-se outra vez;
- jovens que não quiseram constituir a tradicional família, solteiros ou casados que preferem morar separados.

Boa parte está só por escolha própria – visando a melhorar a qualidade de vida. Outra parte é composta de pessoas de baixa renda que, por diversos motivos, ficaram sozinhas. Essas, além de sós, sofrem de solidão.

Entretanto, não é porque se vive só que se é solitário, pois em geral cria-se certa solidariedade formal entre vizinhos. É claro que nenhum vizinho fica batendo à porta do outro, mas, diante de uma necessidade mais urgente, a vizinhança acode antes de a família chegar. Outro tipo de vínculo passa a existir, bem diferente do familiar. A maioria não desgosta da família, mas prefere-a como visita.

As famílias unipessoais mostram que a constituição familiar tradicional está se modificando. O mercado imobiliário e outros adaptam-se ao consumidor *single* (solteiro). Jamais passaria pela cabeça de uma chefe de família comprar uma só colher de purê de batata e uma coxinha de galinha. Pois atualmente os supermercados vendem porções individuais de tudo: saladas lavadas e prontas para comer, sem que se tenha de comprar um pé de alface e comê-lo até não aguentar mais.

É preciso ficar atento aos rumos da civilização. Esses dados indicam que a educação tem realmente de atingir novo patamar, o da saúde social.

Os filhos no fogo cruzado

Em algumas separações, a mãe e o pai usam os filhos como armas numa guerra infindável entre ambos. Muitos pais, mesmo com boas condições financeiras, acham um exagero pagar pensão alimentícia aos filhos, já que não convivem com eles. Vale a pena lembrar que, mesmo que a mulher não tenha trabalhado após o casamento, terá cooperado muito com o marido, dando-lhe base de sustentação para o trabalho. Assim, embora o pai tenha a posse do dinheiro, os dois lutaram para ganhá-lo.

Há, porém, mulheres que tentam se aproveitar da separação para extorquir uma pensão exagerada, seja por interesse, seja para agredir o antigo companheiro ou até mesmo vingar-se dele. Um não quer dar. O outro quer mais. Aí é que um realmente se recusa a dar até o mínimo indispensável. Isso leva o outro a querer muito mais... E a briga continua! O pai ataca os filhos para agredir a ex-mulher. Briga para reduzir a pensão só para chateá-la. Usa os filhos em sua defesa em conflitos não resolvidos com a mãe deles.

Em meio a todos esses ardis, há seres humanos inocentes que precisam do pai e da mãe para se tornar cidadãos. Os casais separados não podem jamais esquecer as responsabilidades sobre os filhos.

• • •

Algum tempo atrás acompanhei um rapaz de 16 anos cujos pais tinham se separado havia quatro. Ele morava com a mãe e quis morar com o pai, que ficou feliz com a ideia de ter a companhia do filho. A mãe estava prestes a concordar quando descobriu que o filho era usuário de maconha. Como o pai ficava fora o dia todo, o garoto usava sua casa para fumar com um amigo. A mãe também trabalhava fora, mas telefonava durante o dia e o incomodava.

Quando a maconha foi descoberta, chamei os pais. Foi muito bom ter conversado com ambos, porque se responsabilizaram igualmente pelo filho. Estavam separados, mas continuavam a agir como pai e mãe. Embora não se falassem, o interesse pelo filho foi maior. Com tratamento, ele parou de usar a droga.

• • •

Pai folgado, mãe sufocada ou vice-versa

Não é raro que o pai separado tente comprar o perdão dos filhos com passeios e viagens. Arma-se, então, o modelo clássico do pai recreativo e da mãe sacrificada. A mãe acompanha as tarefas da escola, leva ao médico, cobra disciplina. Acaba se tornando a "mãe chata". O pai faz grandes gestos, "aparece" na frente dos amiguinhos, leva o filho e toda a turma à lanchonete e faz festa com tudo. É o folgado que se transforma em "papai-show".

> Algumas crianças pisam na alma dos pais que se remoem de culpa pela separação.

Quando um cônjuge assume a responsabilidade pela separação, sofre acusações e cobranças do parceiro e dos filhos, que descarregam nele – o culpado assumido – a raiva pela frustração de não ter mais os pais unidos. Se os pais não tiverem postura firme, de educadores, essa situação poderá atrapalhar a formação dos filhos.

Meu filho, minha vida !

• • •

Certa vez recebi no consultório uma jovem de 18 anos, filha de pais separados. Viera por causa da maconha. Percebi que seu problema era maior. O pai casara-se outra vez. A mãe, não. Empresária, dedicava todo o seu tempo livre à filha, que morava com ela. Vivia a vida da garota e a sufocava. Não tinha vida própria e impedia a filha de ter a dela.

O pai montou outra família, mas continuava desempenhando a função de pai. Conversava e orientava a filha quando necessário. Já fazia terapia. Sugeri à mãe e à filha que também fizessem terapia.

Quando a mãe recuperou sua dignidade, passando a ter vida própria, os problemas da filha diminuíram.

• • •

Um dos grandes riscos da separação é que um dos pais se anule e passe a dedicar-se totalmente aos filhos. Naturalmente, eles crescem e se tornam independentes, o que a mãe ou o pai hipersolícitos não estão preparados para aceitar. É da vontade dos pais que os filhos cresçam, mas tal crescimento implica maior autonomia, ter vida própria e, portanto, se afastar um pouco dos pais.

Então o pai e a mãe, ou um deles, ficam sozinhos porque os filhos alçam voo e vão preparar seu ninho em outro lugar. Se eles não tiveram vida própria por viverem apenas para os filhos, são acometidos pela "síndrome do ninho vazio", mais insuportável ainda porque, depois de velhos, não sabem mais viver para si mesmos.

Cabe aos pais ajudar os filhos a ter vida própria. Essa, aliás, é a parte mais difícil da educação: preparar o filho para sua independência. O bom educador trabalha para que o educando dependa cada vez menos dele.

Há pais que dizem: "Quero meu filho sempre comigo. Saber tudo da vida dele, ser seu melhor amigo". Essa é uma pretensão que foge à realidade. Pai tem de ser pai. Mãe tem de ser mãe. Amigos são escolhas afetivas.

> Amizade é uma qualidade relacional diferente. Com o amigo, o filho faz farra, transgride, troca segredos íntimos, compartilha dores de cotovelo.

Quando estão com os amigos, os filhos fazem coisas que em geral não fazem com os pais (e não deveriam fazer mesmo). Os pais devem educar. O pai e a mãe podem ter um excelente relacionamento com o filho, mas atribuir-se o título de seu melhor amigo é pura pretensão.

"Adoro minha filha porque me conta tudo." Doce ilusão! Por mais que conte, não quer dizer que conte tudo. Conta o que é "contável".

Capítulo 7

Cidadania dentro da nova família

As famílias eram grupos unidos pelo DNA, na relação vertical do macho alfa[12]. A família atual é um agrupamento afetivo dos adultos com seus respectivos filhos que convivem sob o mesmo teto, portanto, a constituição familiar mudou.

Há tendências de se manter a autoridade de pai e de mãe com respectivos filhos, com ou sem interferência direta do outro adulto na educação dos próprios filhos (pais entregam seus filhos à nova mulher, mas geralmente a mãe não os entrega ao novo marido). Assim, a mulher pode ficar com mais autoridade que o homem. O princípio gregário familiar permanece, mas mudou a sua dinâmica.

---

[12] Macho alfa é o macho dominante em um grupo de animais: é o mais forte, que impõe a sua vontade, come a melhor parte da presa antes dos outros, tem as melhores fêmeas. Mantém o seu poder enquanto for o mais forte, mas será imediatamente deposto e expulso do grupo se for vencido por outro macho, que então toma o seu lugar.

Caminhos para uma nova educação

Atendi muitas famílias em consultoria familiar, uma técnica desenvolvida por mim, baseada na minha Teoria da Integração Relacional[13] – teoria que criei a partir da bagagem que construí ao longo do meu percurso profissional. Acompanhei, assim, a evolução da família DNA para a família "bytes" e formulei várias propostas que tem atingido bons resultados. A seguir, algumas destas propostas.

A educação hoje é um projeto racional, regado a muito afeto, para que os filhos sejam cidadãos éticos. Não ofender, não agredir nem explorar os mais fracos, mas sim ajudá-los. Não sabotar, não menosprezar nem explorar o mais forte, mas sim reconhecê-lo e pedir-lhe ajuda. Não competir nem destruir os iguais, mas sim associar formando parcerias com eles. Ajudar, ser ajudado e associar são as ações mágicas que acabam com preconceitos positivos ou negativos e exclusões dos diferentes.

> Minha proposta para a nova família é a Cidadania Familiar: há que se começar a praticar em casa o que terá que ser feito na sociedade.

Nessa nova família deveria funcionar o princípio de time. Todos são importantes, cada um na sua posição. Não existiria a preconcebida autoridade dos adultos sobre os mais novos pelo simples critério de idade, ser profissional, ser mais forte etc., mas sim o princípio do mais ou menos desenvolvido.

Lideraria a posição em um determinado jogo quem nela fosse mais desenvolvido. Se necessitar de força física, lideraria o mais forte, por ter a força física mais desenvolvida, não o mais velho. Se o campeonato fosse de xadrez, iria o integrante da família experiente, não o mais inteligente. Se a questão é a internet, o líder é o que mais entende, não importa que seja um adolescente "problemático" em outras áreas.

Assim, esse time familiar teria a força do mais desenvolvido em cada jogo, e não a de um jogador que tivesse que representar sozinho a família na força física, no xadrez e na internet. Se o foco é fazer dos filhos cidadãos éticos, é importante que os adultos (pais ou não) também o sejam para transmitir a proposta, quer verbalmente por orientações, quer extraverbalmente pelas ações exemplares.

Um argumento muito usado por crianças e adolescentes rebeldes para padrastos ou novo marido da mãe e madrastas ou nova mulher do pai é:

- "Você não é meu pai (minha mãe) para mandar em mim".

Respostas martelo:

- "Ah!, não? Então você vai ver quem manda aqui", e dá-lhe pancada. Significa: "quem manda aqui é o mais forte".

---

[13] Ver parte 1, capítulos 5 e 6.

- "Então vou contar tudo para sua mãe (seu pai)", e fecha o tempo. Significa: "quem manda aqui é a mãe (ou pai) DNA".
- "Então, vamos combinar as consequências: Se não cumprir, nas três próximas vezes não terá. Se cumprir, ótimo! Estaremos todos bem!". Significa: "você tem direitos e obrigações como qualquer um de nós". É o princípio educativo da coerência, constância e consequência.

Diferentes relacionamentos familiares

Atualmente, temos que acrescentar às famílias já existentes as famílias monoparentais masculinas, monoparentais femininas, homossexuais masculinas, homossexuais femininas.

Os papéis não são mais determinados somente pela questão do gênero, do feminino e masculino. "Ser sangue do sangue" não é mais condição para que duas crianças ou adolescentes convivam e se considerem irmãos. Há casais que reúnem sob o mesmo teto os filhos do atual e dos antigos relacionamentos. E assim constituem uma grande e saudável família. Houve uma época, não há muito tempo, em que essas reuniões seriam simplesmente impensáveis.

Por um lado, as famílias aumentaram em número, mas a realidade é que a convivência diminuiu. Certamente não por opção, mas por necessidade, pelas exigências do mercado de trabalho, do custo de vida, dentre outras. Esse fato não diminui a importância da família, muito pelo contrário, a coloca em discussão e estudo para que, mesmo com as mudanças no mundo, as relações tenham qualidade e permitam que as pessoas cresçam, se desenvolvam, desenvolvam sua autoestima, para que possam ser felizes.

Quanto mais deparamos com os problemas das crianças e adolescentes, mais recorremos à família. Fica cada vez mais claro que aprendemos nosso lugar no mundo de acordo com o lugar que assumimos e que nos é dado dentro da família. A família tem, então, um enorme poder tanto para o bem como para o mal. Quando vivemos a Cidadania Familiar, colocamos no mundo seres humanos com potencial transformador da dura realidade que vivemos, tanto social quanto ecológica. Quando os criamos egoístas, individualistas, sem ética e valores, estamos alimentando essa doença social que vemos não só no Brasil, mas no mundo todo.

As novas configurações familiares podem confundir a cabeça das crianças, mas podem também ensinar muito sobre respeito, limite, tolerância e convivência. A grande preocupação que fica é que as crianças aprendam também que relacionamentos podem ser descartáveis, que não precisamos lutar tanto para que as coisas deem certo. Nenhum relacionamento é só alegria. Diferenças e discussões fazem parte e podem, ao invés de destruir, construir um relacionamento. É claro que há limite para a luta, há um ponto em que realmente a melhor solução é separar, mas pode vir então outro ensinamento, de respeito e acordo.

Segundo casamento

Em geral, o segundo casamento é formado pelo homem sem filhos, porque os deixou com a ex-mulher, e pela mulher que traz consigo os filhos do primeiro casamento. Era mais comum antigamente o casamento do viúvo com filhos, que procurava uma mulher sem filhos para se casar. Mas já há pais separados que têm filhos em guarda compartilhada, que casam com mulher que é mãe com a guarda dos filhos. O DNA é ainda algo importante quando esse novo casal se separa e cada filho segue ou se deixa seguir pela sua herança genética. O que tem para ser resolvido é com quem ficam os novos filhos do novo casal. Geralmente as crianças acabam sendo ouvidas pela lei para declarar com quem preferem ficar.

É comum que o homem procure uma mulher muito mais nova, enquanto a mulher tende a relacionar-se com um homem mais velho.

> É interessante notar que, de modo geral, o homem aceita ser substituído pelo padrasto, mas a mãe geralmente se recusa a abrir mão da maternidade.

Ela odeia, e proíbe quando pode, que os filhos chamem a nova mulher do pai de madrasta, palavra que deveria ser usada para nomear a nova mulher de um pai viúvo. Justifica-se com o argumento: "Enquanto eu for viva, sou a mãe de vocês, e disso não abro mão".

A nova mulher do pai, quando entra na jogada, mesmo que em paz, costuma enfrentar uma situação difícil, de resistência dos enteados e, não raro, hostilidade da ex-esposa. Felizmente, as crianças dessa geração têm aceitado melhor as madrastas, já que tem sido uma situação recorrente[14].

Quando a mãe sente que não consegue mais educar nem controlar os filhos sozinha, um novo companheiro pode contribuir para melhorar ou piorar a situação. É pior quando o novo companheiro aceita ser desrespeitado e/ou desqualificado pelas crianças. A mãe pode ser responsável por essa situação ao cortar qualquer iniciativa dele e desautorizá-lo diante dos filhos. Tal comportamento materno leva as crianças a dizer: "Não enche, você não é meu pai!". Elas devem ser educadas para, no mínimo, respeitar os mais velhos. A maioria dos homens não aceita ser desrespeitada por crianças, mas tudo muda quando se trata dos filhinhos da nova companheira.

A situação se torna melhor na presença de um novo homem quando a mãe não aceita que os filhos abusem do novo companheiro e reconhece nele uma autoridade saudável e capacidade de liderança.

---

[14] Para saber mais, ler *100% Madrasta:* Quebrando as barreiras do preconceito, de Roberta Palermo. São Paulo: Integrare, 2007 (N.E.).

> **O segundo casamento tem mais chance de dar certo, já que o casal aprende com os erros e sofrimentos anteriores.**

O casal aprende que amor e atração sexual não são suficientes para manter a união. É preciso ter mais saúde social e uma visão 360º da vida[15] e estar com mais disposição para:

- resolver os conflitos e superar dificuldades;
- tolerar e aceitar as diferenças, aprendendo com elas;
- pedir ajuda no que for necessário e ajudar o outro no que for possível;
- buscar novas soluções para velhos problemas;
- enterrar velhos preconceitos;
- atualizar a vida incorporando as novidades úteis para o cidadão ético.

Pois,

- estar mais desenvolvido é uma questão de natureza, idade e/ou esforço próprio;
- ser mais forte, inteligente, rico não é superioridade, mas ter maior desenvolvimento;
- ter cor de pele, estatura, beleza física é ser diferente mas não inferior nem superior;
- ser adulto não é ser superior à criança, é ter maior desenvolvimento;
- ninguém é superior ou inferior a ninguém, é uma questão de desenvolvimento;
- ter poder, saúde, dinheiro, *status*, ser celebridade são desenvolvimentos passageiros, e o que realmente vale são as pessoas que somos e com quem nos relacionamos verdadeiramente;
- e se tudo isso for usado para o bem comum, temos chance de fazer deste planeta uma grande família.

Para que tudo isso aconteça é preciso reconhecer que a força do casal ou do time é muito maior que a simples soma das forças de cada um. Na realidade, quando o novo casal age assim, transmite esse modelo relacional aos filhos, educando pelo "como somos". Provavelmente as crianças utilizarão essas disposições relacionais no cotidiano, obtendo excelente qualidade de vida.

Contudo, se o casal nada aprendeu com o primeiro casamento, pode repetir os erros e assim viver de relacionamento em relacionamento, percorrendo uma jornada que

---

[15] Para saber mais, ler *Você é o líder da sua vida*, de César Souza. Rio de Janeiro: Sextante, 2004, p. 171 (N.E.).

dificilmente deixará os filhos felizes. Ele transmite, pelo "como somos", intolerância, egoísmo, dificuldade de superar conflitos e problemas, cometendo os mesmos erros e julgando que o errado é o outro.

Mãe sozinha educando os filhos

Se possível, a figura masculina e a feminina devem estar presentes e atuantes na formação do caráter da criança, mas nem por isso a falta de uma delas prejudica o futuro dos filhos. Há mais de 300 mil anos, antes de o ser humano sair das cavernas e montar a sociedade primitiva, a mãe já educava o filho. O homem se conhece como pai há apenas 12 mil anos: com a mulher descobrindo a agricultura, ele se fixou mais à terra, aumentando a convivência entre pais e filhos.

O poder e a sabedoria da figura feminina talvez tenham sido pulverizados ao longo do tempo pela dominação masculina. Mas a força matriarcal fica evidente na sociedade em períodos críticos, como guerras e doenças. Na ausência do homem, a mulher assume o comando da casa e dos filhos, e a família não se esfacela.

> É crescente em nossa sociedade o número de "pães": mães que têm marido omisso ou ausente em casa.

Elas podem assumir o comando por vários motivos: pais somente recreativos, desvalidos, dependentes químicos, doentes, falecidos... Até mesmo o pai que após a separação some da vida da antiga família, transformando-se em ex-pai.

A situação dessas "pães" pode se complicar quando há interferência da nova mulher do ex-marido na educação de seus filhos. Se as "pães" não aceitam tais interferências, geralmente abusivas, correm o risco de não receber do ex-marido a pensão alimentícia dos filhos.

Em algumas famílias, a presença do pai é altamente nociva. Ele abusa do álcool, é violento, sai com outras mulheres, não tem constância. No entanto, a mulher ainda lhe delega poder e autoridade. Não se acha no direito de mandá-lo embora. Sente-se insegura, apesar de capacitada a arcar sozinha com as responsabilidades familiares.

> Mau pai presente é mais prejudicial que pai ausente.

Às vezes a mulher, apesar de estar com um pé no presente, tem o outro preso no passado machista, mesmo que o marido mais atrapalhe que ajude. Sentindo-se insegura para criar os filhos sozinha, acaba se submetendo a situações que são ruins para ela e também para os filhos.

É comum que os filhos não respeitem pais omissos. E a mulher se abafa sob o manto da submissão à figura masculina, tornando-se enfraquecida e desrespeitada pelas crianças. Na realidade, esse desrespeito é consequência natural de sua submissão. Há outras mães que têm coragem de sair de casa com os filhos ou expulsar dela esse pai prejudicial. Mas ainda assim se subestimam. Consideram-se inferiorizadas e nem sempre assumem a autoridade educativa que poderiam ter. Às vezes, deixam-se carcomer pela culpa e responsabilidade de ter tirado o pai das crianças.

Se a presença paterna fosse absolutamente indispensável, todas as famílias sem pai formariam delinquentes – e isso não é verdadeiro. Quando o pai é ausente ou pouco atuante, a mãe tem de manifestar sua força para o bem-estar da família, independentemente das críticas que possa receber. Em situações de crise, a pessoa mais forte e capacitada a superá-las é que deve assumir o comando.

De modo geral, a sociedade não é mais tão preconceituosa em relação a essas mulheres. Esse preconceito pode aparecer em alguns meios específicos, como colônias mais fechadas e tradicionais. Os filhos respeitam a mãe que se respeita. Jamais acatarão ordens de quem não se impõe. Além disso, que exemplo de relacionamento esta mãe está dando aos filhos ao se submeter a determinadas situações?

> **Há mulheres que cometem outro erro: obrigam-se a ser pai e mãe para compensar a carência paterna. Missão impossível!... e mesmo que fosse possível, seria inadequada.**

Certa mãe separada vivia com três garotos pequenos. Os filhos não a respeitavam. Quando o pai ia visitá-los, a cada dois ou três meses, era só dar um "gritão" e as crianças lhe obedeciam na hora. O pai gritava não para educar, mas por absoluta falta de paciência.

A mãe, por sua vez, achava que as crianças não lhe obedeciam porque não sabia dar o "gritão". Quando começou a recuperar autoestima e a estipular o que podia ou não fazer com base em seus próprios valores, e não na ausência paterna, obteve resultados melhores.

A incoerência, a insegurança e a inconstância são venenos mortais para a boa educação. Dão margem a que as crianças não assumam as responsabilidades e queiram impor suas vontades independentemente de consequências ou danos produzidos a terceiros. A parte do comportamento animal supera o comportamento humano. A delinquência surge quando não há autoridade. Como tradicionalmente a autoridade é representada pelo "deus-homem", ainda não se dá o devido reconhecimento à autoridade materna.

A mulher conquistou o mundo. Ganhou trabalho, dinheiro, *status*, voz ativa, direito a voto e a viajar sozinha. Ela se globalizou. Mas, se não se impuser como pessoa (e não serviçal) em casa, não será uma mulher integral.

Quando essas mulheres tratam de assumir suas verdadeiras forças, cobrando, exigindo responsabilidade e fazendo os filhos assumir as consequências de seus atos, a família começa a se organizar. As mulheres são mais capazes do que supõem e, portanto, precisam recuperar sua dignidade.

Pai sozinho educando os filhos

Talvez o pai seja capaz de cuidar sozinho dos filhos, desde que eles tenham muita autonomia. Caso contrário, terá de delegar essa função a alguém que possa ajudá-lo enquanto estiver trabalhando.

> O pai ainda tem de evoluir bastante para conseguir fazer sozinho o que a mãe faz pelos filhos.

Se muitos homens ainda se atrapalham nos cuidados consigo, como poderão assumir a responsabilidade pela educação dos pequerruchos? Não é tarefa impossível, mas é verdadeiro desafio. Quando os filhos são maiores, principalmente adolescentes, o pai pode se arriscar a tê-los consigo.

Há pais extremamente cuidadosos, que acompanham de perto a vida dos filhos, o boletim, o desempenho no clube, as atividades básicas do dia a dia etc. Mas ficar todo dia perguntando e às vezes verificando se as crianças escovaram os dentes é demais para eles.

Não é à toa que entra em cena a mãe dele, e os filhos passam a ter os cuidados da avó paterna. É o que acontece também com a mãe que tem de trabalhar e conta com a própria mãe para ajudá-la com os filhos.

• • •

Recebi certa vez no consultório um pai desesperado. Estava acompanhado de dois filhos, uma menina de 6 e um menino de 8 anos. Sua esposa havia ido embora e deixado com ele as crianças. "Não sei nem por onde começar!", ele dizia. Não sabia a rotina dos filhos, o que gostavam de comer, não sabia nada, apenas quanto pagava para escola, natação e outras atividades. Inicialmente esse pai se cercou de ajuda de uma irmã (também casada e com filhos) e de sua mãe. Aos poucos, como tinha possibilidade financeira, contratou uma babá e montou uma boa estrutura para as crianças. Antes ele era um típico pai provedor, ausente, distante. Agora descobria o pai que realmente podia ser, envolvido, interessado e mais feliz na relação com os filhos. As crianças passaram a ter um pai que não tinham antes. Parece difícil de acreditar, mas ficaram melhores emocionalmente do que quando viviam a situação anterior, com a mãe presente mas sempre deprimida e num casamento infeliz. Depois de 1 ano, a mãe voltou e quis reassumir seu lugar. É claro que isso não foi possível. Hoje estão separados, e o pai conseguiu ficar com a guarda das crianças, que agora estão reaprendendo a conviver com a mãe.

O universo da adoção

Há diversas formas de lidar com a adoção. Não há forma certa ou errada. O importante é analisar cada caso. Tratar cada situação como única.

Às vezes os pais não contam a verdade à criança porque não sabem quando e como falar. Mas há também quem acredite que o melhor é não tocar no assunto, já que os adotivos são filhos do coração. Há ainda o receio de traumatizá-los com a informação, principalmente quando são ainda pequenos e julgam ainda não terem necessidade de saber. A verdade costuma ser sempre um bom caminho, pois dificilmente o segredo será mantido eternamente. Alguém da família ou mesmo um "amigo" acaba deixando escapar por maldade ou ingenuidade.

O melhor momento para falar disso é quando a criança pergunta sobre gravidez, parto e nascimento. Não é comum que ela faça perguntas como um adulto: "sou adotado?"; "como fui encomendado?"; "nasci de parto normal ou cesária?".

O que as crianças querem saber é de onde vieram, se são adotadas (isso se, até esta etapa, ainda não conhecerem a verdade). A capacidade de compreensão delas vai aumentando conforme se desenvolvem. Antes, qualquer resposta as satisfazia. Agora, querem saber mais detalhes. Aos pais ansiosos vale a pena destacar que, inicialmente, as crianças querem saber "de onde vêm os bebês", o que não leva necessariamente à história de sua adoção. É importante que os pais respondam às perguntas que os filhos fazem de maneira clara e simples, mas se limitando ao que eles perguntaram. Se falarem muito mais do que o perguntado, podem estar passando informações que a criança não tem ainda capacidade para elaborar.

> **Cada criança pergunta conforme sua curiosidade e capacidade. Volta a perguntar mais tarde enquanto não estiver satisfeita com a resposta. É natural que ela queira saber de onde veio.**

O pai, por suas características e até mesmo pelo menor envolvimento, consegue dizer ao filho com mais tranquilidade que ele é adotivo. A mãe sofre muito porque parece que a responsabilidade por não ter tido filhos é naturalmente dela. Não é verdade. Em apenas 30% dos casos as causas do fracasso reprodutivo são femininas; em 30% são masculinas; e em 40% dos casais sem filhos há problemas de ambos os lados. Uma das maiores causas da adoção é a infertilidade.

A adoção é um gesto maravilhoso. Crianças adotadas são filhos do coração. O que muda é a origem. Para a criança pequena, não importa se ela veio do útero ou do coração. Não tem ainda na cabeça a figura do pai e da mãe biológicos. Essas são preocupações dos adultos.

Entretanto, por mais que a família procure lidar naturalmente com a situação, chegará a hora em que a criança vai entender o que é adoção e não terá a gentileza, o jogo psicológico e a amabilidade para enfrentar a notícia de que sua mãe não é a verdadeira. É sempre um momento muito difícil, muitos sentimentos vêm à tona, tristeza, rejeição, raiva, gratidão aos pais adotivos, raiva aos pais adotivos por não terem contado antes ou por terem contado (no caso dos que preferiam não saber) e muitos outros. É um momento de crise, de dor e ambivalência. Os pais adotivos devem ser pacientes e confiantes no vínculo que tenham criado com o filho, pois será ele o suporte para que o filho aguente a situação.

Argumentos cruéis

"Vou embora de casa. Você me trata assim porque sou adotivo." Quando um filho sabe que é adotivo pode usar esse fato como arma e fazer ameaças para conseguir o que quer ao sentir-se contrariado, frustrado ou agredido, com ou sem razão, pelos pais. Principalmente quando percebe que esse é o ponto fraco dos pais.

É preciso muita calma para enfrentar essa provocação e ter firmeza ao dizer, olhando-o nos olhos: "Então vá! Agora! Com a roupa que está vestindo!", e em seguida abrir a porta da rua. Raramente o filho, biológico ou adotado, sai de casa sem ter para onde ir. Alguns, de fato, vão até a porta para intimidar mais os pais. E as crianças continuarão ameaçando enquanto sentirem que obtêm resultados vantajosos.

Nessa hora, o pai e a mãe precisam aguentar firmes e acrescentar: "Você só voltará se reconhecer seu erro, pedir desculpas e nunca mais disser que vai embora. Se sair outra vez, nem pedindo desculpas você volta!". Quando sente que pertence ao time da família, em geral o filho acaba abandonando a ideia de sair de casa.

> **Não se pode viver ameaçado por chantagens. Quem se submete, além de dar forças ao chantagista, também o é. Quem as enfrenta não as alimenta. Pelo contrário, acaba com elas.**

Muito cuidado, porém, pois na fase da onipotência da puberdade e da juventude o filho pode sair de casa para afrontar os pais. Na juvenil, após a mudança de voz do rapaz e da menarca da garota, o filho pode inclusive ter organizado sua sobrevivência por alguns dias na casa dos amigos.

Muitos filhos naturais também fazem armações com os pais quando estão na fase da rebeldia, do "eu não pedi para nascer". Fazem isso na tentativa de se safarem das responsabilidades, chegando, por vezes, a jogar pesado. Gritam: "Não suporto vocês, vou sumir! Fui." Ou: "Se vocês me amassem não fariam isso comigo!" e outras chantagens semelhantes.

Só cai na chantagem quem quer ter lucro fácil ou impedir uma perda significante. Assim, é preciso que os pais descubram por que caem nessas extorsões.

Os pais naturais podem negar com tranquilidade a adoção, mas, se estiverem inseguros, a segunda "afirmação" os abalará. Por sua vez, a mãe e o pai "do coração" que ainda não contaram sobre a adoção podem sentir-se ameaçados, como se o mundo que construíram estivesse em via de ruir.

É importante lembrar que uma boa integração relacional pode contribuir muito para ajudar a superar todos esses conflitos.

Pais adotivos podem ter a preocupação de não contrariar a criança, como se precisassem garantir o vínculo, já que não têm a garantia do DNA (que acreditam ser uma garantia, mas que não o é, necessariamente). Isso torna o filho frágil, pois não encontra os devidos limites, isso faz com que fique mais inseguro, perdendo a capacidade de superar frustrações.

Crianças sem limites não são educadas, estão simplesmente criadas. Uma criança educada adequadamente é mais feliz que outra simplesmente criada, pois sabe usufruir o que tem e não chorar pelo que não tem.

> Não deve haver diferenças na educação de filhos adotivos e naturais. Quanto maior for a saúde relacional, menores serão os conflitos resultantes da adoção. É essa naturalidade que dá segurança afetiva ao adotado.

Apesar de eu não ter atendido um número muito expressivo de crianças e adolescentes adotados, os problemas enfrentados por eles não se devem necessariamente à adoção, mas a questões educativas, como falta de regras e ausência de limites e de responsabilidades, numa permissividade e liberalidade totalmente fora de padrões éticos.

Filhos pelo DNA

São pessoas, principalmente crianças e adolescentes, que buscam certificar sua paternidade pelo exame do DNA. Em geral, esse exame é solicitado para forçar o homem a reconhecer a paternidade de alguém que quer ser declarado como seu filho. Também pode ser empregado pelo homem que quer negar a paternidade de alguém que a pede ou exige.

Raramente a mulher nega a maternidade, portanto é raro o pedido de exame do DNA para reconhecimento de maternidade. Diferentemente dos pais, são as mães que pedem para provar que de fato são mães, para confirmar a maternidade. No ano de 2000 atendi alguns homens que descobriram ser pais DNA. São pais puramente biológicos e não há nenhuma convivência entre eles e os filhos.

• • •

Dagoberto é um profissional bem-sucedido e bem casado, com dois filhos na puberdade. Sua família é bem constituída. Certa vez ele recebeu no trabalho um telefonema de uma garota que queria vê-lo. Depois de muita conversa, ela explicou que era filha dele, resultante de um curto relacionamento de solteiro. Sua mãe assumira uma "produção independente". Tudo ia conforme fora planejado até surgirem conflitos relacionais, agravados pela entrada da menina na adolescência. Como ela não conseguia mais conviver com a filha, revelou finalmente a identidade do pai e lhe deu o telefone dele, pois nunca perdera de vista o homem que escolhera e usara como doador dos genes masculinos. Na realidade, ele, sem saber, participara com seu DNA da formação de um outro ser humano. Depois do brevíssimo envolvimento, ele nunca mais tivera notícia da mulher, tampouco da existência da filha, até ser procurado por ela.

• • •

A frequência de pais biológicos descobertos em exames de DNA tem aumentado. Os homens que enfrentam essa situação, em geral casados e com filhos, são chefes de família bem-sucedidos e bem situados social e economicamente.

Numa despedida de solteiro, cercado de amigos, com bebidas e em clima de ser a "última chance de aprontar", como se o casamento fosse lhe tirar totalmente a liberdade, o festejado noivo pode ser usado por uma mulher que deseja uma "produção independente". A vítima é perfeita: vai se casar e não a procurará mais. Na maioria das vezes, a gravidez, longe de ser inesperada, pode ser premeditada pela futura mãe. O que ela quer é ter um filho, não um companheiro.

Os nômades sexuais têm relações sexuais com quem encontram pelo caminho. Para a gravidez ocorrer, é preciso que o espermatozoide se una ao óvulo. Isso pode acontecer numa única relação sexual se a mulher estiver no período fértil. A mulher carrega a gravidez por nove meses. O homem desaparece, esquecendo-se da relação sexual fortuita.

O mais comum é que a filha DNA (e não o filho DNA) busque o pai, principalmente na adolescência, motivada mais por questões afetivas e relacionais que econômicas, embora elas também possam existir, pois quanto mais os filhos crescem mais caro e mais difícil se torna mantê-los.

> **...E o que faz um pai que descobre, no presente, que tem uma filha DNA já adolescente?**

Os filhos DNA costumam ser produtos de encontros anteriores ao casamento, mas podem ser fruto de relações extraconjugais, que suscitam questões delicadas: como contar à esposa? Como falar com os filhos? E se os filhos quiserem se conhecer? Leva ou não o filho DNA adolescente para morar com a família atual? A confusão está armada!

Se o relacionamento familiar é saudável, a esposa tende a se aliar ao marido para que trabalhem juntos e suportem essa carga. Em relacionamentos periclitantes, a descoberta pode precipitar crises e até rompimentos. Normalmente, as esposas aceitam com mais facilidade o filho DNA que é anterior ao casamento.

Poucos pais levam os filhos DNA para casa. Resolvem a situação de outra maneira. Dão suporte financeiro, mas os mantêm a distância.

Capítulo 8

Geração digital e o desafio de educá-la

Não dá para negar. As crianças são muito mais inteligentes hoje que no passado. Estimuladas desde cedo por brinquedos interativos, televisão, computador e um volume gigantesco de informações, elas estabelecem maior número de ligações entre os neurônios. A diversão hoje envolve desafios mentais, e mesmo brinquedinhos têm finalidades psicopedagógicas apropriadas às diversas idades. As crianças não escapam da telinha nem correm mais soltas na rua. Mais de 60% da população paulistana mora em condomínios verticais e horizontais. Para lidar com tantas novidades, o pai e a mãe têm de se preparar. É preciso atualizar-se. Não é mais possível ser um educador baseado somente nas próprias experiências como filho. Pois seria como usar martelos para corrigir programas de computador.

> Quando Bill Gates fundou a Microsoft, era seu desejo que as pessoas tivessem as informações na ponta dos dedos. Hoje, os adolescentes e as crianças têm suas vidas na ponta dos dedos.

Assim como nosso alfabeto contém 23 letras, a linguagem digital usa somente 2 números: 1 e 0. Tudo pode ser colocado em linguagem digital e transmitido em altíssima velocidade e em imensas quantidades a incomensuráveis distâncias. O mundo virtual é formado sob essa linguagem, e tudo se encontra na rede, a web. Tudo se encontra na ponta dos dedos. É por isso que chamo essa geração de digital, pois deseja ter sua vida na ponta dos dedos.

Dada sua variedade, apenas para facilidade de compreensão, a geração digital será dividida em várias outras: geração *zap*, geração videogame, geração internet, geração celular.

Novas gerações que dominarão o mundo

Foram tão rápidas e sucessivas as imensas novidades e grandes mudanças provocadas nos costumes e comportamentos das gerações que é difícil classificá-las e dividi-las em fases nítidas. Acredito muito mais em acúmulos dos costumes conforme os avanços tecnológicos do que divisão das gerações com claras demarcações entre elas. Assim, uma criança de hoje tem um controle remoto da televisão para entrar nos seus canais infantis preferidos, assiste aos seus DVDs prediletos, enfrenta desafios dos seus joguinhos eletrônicos e já quer um celular nas mãos, sem se esquecer de acessar a internet.

Entretanto, faço esta apresentação sequencial mais por uma questão didática que propriamente querendo representar a realidade. Sei que se trata de uma visão parcial a respeito de uma global muito mais abrangente sobre um mundo onde tudo é simultâneo e rápido.

Creio que estamos vivendo uma geração infantil mais globalizada que outras gerações, porque as fronteiras entre países e culturas, povos e línguas estão desaparecendo no mundo virtual.

A impressão que tenho é que as influências culturais e familiares sofridas pela criança estão diminuindo bastante enquanto aumentam as tecnológicas, globalizadas, que cercam todo o mundo.

Assim, o que escrevo sobre a educação brasileira serve também para as crianças do Japão, dos Estados Unidos, do mundo hispânico, da Europa e de qualquer outra parte do mundo, onde tenho amigos e colegas com quem troco ideias. Foi fácil fazer essas atualizações através dos Congressos Internacionais e e-mails particulares com os especialistas da área. A maioria desses profissionais está preocupada com problemas semelhantes aos meus nos mais diferentes cantos deste planeta.

Geração *zap*

É a geração que cresceu com o controle remoto de televisão nas mãos. Com ele conseguia controlar a televisão da poltrona, sentado longe, sem se levantar, andando ("zapeando") pelos canais até encontrar algo interessante. Só movia o dedo, para apertar os botões do controle remoto.

O telespectador é quem assiste e testemunha os atos e cenas. O mundo se passa dentro da tela, sob o controle de seus dedos, sem que faça nenhum esforço, e prefere sempre estar à vontade. Quando algo não lhe agrada, ele simplesmente volta a "zapear", até encontrar um programa de que goste.

Apesar de essa geração ter já entre 20 e 40 anos, ainda hoje se encontra uma boa parte que assiste à televisão diariamente usando seu controle remoto. Não é raro, numa família, cada pessoa ter o seu aparelho de televisão.

Uma das características da geração *zap* é viver na poltrona como se o mundo passasse na tela e ela escolhesse o programa que interessasse, vendo-o até enjoar, e logo partisse "zapeando" pelos outros canais. Mesmo que nada tivesse de interessante, assistiria ao que fosse menos desinteressante para não ter que sair da posição em que estava, largada na poltrona.

O surgimento do videocassete mudou um pouco a passividade do telespectador. Pelo menos ele poderia assistir em casa ao filme que escolhesse. Os pais passavam pelas videolocadoras para alugar alguns filmes. Esse costume rapidamente passou para os filhos, que acabavam esquecendo de devolvê-los no prazo, gerando conflitos familiares e despesas desnecessárias.

Não se pode dizer que esse costume já passou, pois vieram os DVDs para crianças, adolescentes e adultos. O número de locadoras de DVDs aumentou muito, já que hoje praticamente todos os lares têm um aparelho de DVD.

As crianças já nascem com telas interativas diante dos olhos. Em vez de olharem pela janela, que não oferece atrações participativas exceto a possibilidade de jogar objetos nos passantes, veem telas na sua frente.

Enquanto dá certo, permanecem no jogo; quando não conseguem superar os obstáculos, em vez de fazerem novas tentativas, trocam de jogo. Simplesmente mudam de tela. A maioria das crianças faz isso: descartam jogos difíceis e preferem brincar com aqueles em que vão melhor.

Daí resulta o grande problema dessa geração: a incapacidade de lidar com frustrações, que se transpõe para os relacionamentos sociais. Se algo não dá certo com uma pessoa, as criancinhas a agridem, deixam-na de lado, buscam outra. Descartam-na como se fosse videogame.

Púberes e adolescentes agem da mesma maneira ao "ficar" com alguém. Enquanto interessa, estão juntos; do contrário, abandonam a pessoa sem saber o nome da "zapeada". É o que tenho ouvido dos "ficantes".

E, assim, a geração *zap* se acostuma à quantidade e à superficialidade. Esta, aliás, é uma das tendências do mundo moderno que mais prejudicam a sociedade: pessoas descartam umas às outras, pais abandonam filhos com facilidade; o que vale é satisfazer o objetivo pessoal; reina o individualismo.

As grandes empresas descartam pessoas como se fossem máquinas de produzir. Em vez de investir, educar, preparar, melhorar a formação e dar treinamento, trocam-nas e pagam um salário mais baixo a outras. "Há muita mão de obra disponível", prega a cartilha do capitalismo selvagem.

Pessoinhas fazem seu capitalismo pessoal. Vangloriam-se de quanto namoraram e beijaram. "*Serial kisses.*" Abandonam quem não as satisfaz e passam a agir como piratas, extraindo o máximo que podem de pessoas e situações. Terminado o saque, mudam de alvo. Não preservam o quarto, o local de trabalho, a família. Detonam tudo pelo caminho.

Mas nem tudo está perdido. Quando há amor, capacitação e boa vontade, o rumo da história pessoal pode ser melhorado.

Geração internet

A onda da internet explodiu na década de 1990. A web (www) surgiu em 1991. Web é um espaço imaginário onde estão as informações (documentos, sons, imagens, vídeos...). Na *net* estão os computadores e cabos. Foi a junção *web* e *net* que aumentou absurdamente o número de usuários: de 600 mil para 40 milhões em 5 anos. A digitalização permitiu transformar tudo (letras, fotos, filmes, imagens, sons, vozes etc.) em bits e bytes (combinações de 1 e 0) para serem transportados de um lugar para outro a qualquer distância, em grande quantidade e altíssima velocidade, econômica e sem degradação do que foi transportado.

Um dos primeiros lemas de Bill Gates, para a Microsoft, da qual ele é cofundador, era de dar a cada indivíduo a "informação na ponta dos dedos".

> Esta geração quer ter a sua vida na ponta dos dedos.

Somando tudo, a internet que temos hoje é uma incalculável quantidade de bits e bytes formando o mundo virtual que pertence à web, ao qual se chega através da net ao alcance de cada habitante deste planeta.

Geração jogos eletrônicos

Assim que surgiram, logo tomaram conta do mercado infanto-juvenil, que hoje tem entre 15 e 30 anos de idade. Essa idade não delimita os costumes, pois também pertencia aos *zaps* e DVDs, mas a grande vantagem foram os jogos portáteis. Aonde se vai pode-se levar o joguinho, com os botõezinhos sendo apertados, clicados, freneticamente por horas a fio.

A grande diferença dos jogos eletrônicos para os antigos, de tabuleiros, era a imediata e provocante interatividade com o jogador. Tais jogos, além de não precisarem de companheiros presenciais, prendem a atenção com tanta intensidade que por um descuido se pode perder o jogo.

Perder fazia parte do aprendizado do jogo, pois raramente algum jovem queria ler as regras escritas no manual que acompanhava o brinquedo. Aprendia-se errando e acertando. Quanto mais acertos, mais vitórias, e o vencedor poderia passar para a fase seguinte, esta mais rápida, mais complicada, mais difícil, portanto altamente desafiadora para o jogador, que assim ia se prendendo cada vez mais a fim de atingir seus objetivos.

Se as poltronas o deixavam mais passivo, os jogos deixavam o cérebro mais ligado, influindo no *modus vivendi* de cada telespectador ou jogador. Eles levavam a mesma posição para a vida. Assim, para os jogadores, o risco passou a fazer parte da vida real, e isto pode ser facilmente reconhecido nos novos empreendedores.

O grande choque era o conservadorismo da geração anterior em relação à ousadia empreendedora dos jovens. Os problemas começaram a surgir com as crianças que só empreendiam o que lhes interessava, largando sem o mínimo pudor a responsabilidade ou o dever. Então surgiu a internet, levando a interatividade para um tempo real entre pessoas de qualquer canto do mundo. Dos jogos eletrônicos para a internet foi um pulinho nos costumes, mas um passo gigantesco na mudança da cultura entre as gerações.

Os competentes se saem muito bem, mas a legião dos incompetentes é muito maior. Os vencedores fazem fortunas com o que antes era apenas diversão: os criadores do Google®, do YouTube®, os novos milhares de milionários do Vale do Silício nos Estados Unidos e outros tantos espalhados na Índia, Japão, Paquistão, Coréia etc. Arriscam tudo como se fosse um jogo, então podem tanto ganhar fortunas como perdê-las na jogada seguinte.

Hoje é raro um vencedor perder, pois ele é basicamente um atualizador, que se cerca de auxiliares competentes e é muito ágil para mudar o rumo do seu jogo. Aqueles vencedores que não são líderes acabam perdendo os *status*, pois logo se tornam ultrapassados. Mas os vencedores são os empreendedores que conseguem perceber e produzir o que as pessoas precisam, mesmo que elas ainda nem saibam que precisam. E a internet tem sido uma excelente ferramenta e campo de ação para esses novos vencedores.

Uma das características da geração internet é aprender o que lhe interessa pelo pesquisar, explorar, surfar e o fato de que o erro nem sempre traz perdas materiais, indo contra a escola clássica, onde, além de ser obrigado a decorar o que não lhe interessa, o aluno não tem opções de aprender o que lhe interessa.

É o mesmo princípio da educação usada antigamente pelos pais: primeiro tinha que se conhecer a teoria pelo manual para depois ligar o aparelho eletrodoméstico. Hoje a geração internet nem lê manuais; aprende pelos ensaios de acertos e erros e perguntando aos amigos o que lhe convém. Os professores e pais desta geração atual deveriam ir além de apenas apresentar lições, mas gerenciar o aprendizado e facilitar o acesso às informações para que o próprio jovem construa o seu conhecimento.

Crianças índigo

Nancy Ann Tape, escritora norte-americana, em 1982 usou pela primeira vez o termo *crianças índigo* quando notou que havia aumentado o número de seres, principalmente crianças, envoltas pela energia da cor azul. Daí o nome índigo, mais conhecido como a cor anil. Nancy revelou um novo tipo de ser com características e comportamentos psicológicos bem específicos.

Rosana Beni, ecumênica, formada em Serviço Social e Desenvolvimento de Crianças, citou as treze principais características das crianças índigo, sete das quais enumero aqui: forte autoestima; criatividade intensa; memória extraordinária; poder rápido de associação; simpatia à tecnologia; capacidade de concluir situações e senso de responsabilidade.

> "As crianças índigo vêm com a missão de fazer deste planeta um planeta melhor."[16]

• • •

Já fui abordado diversas vezes em diferentes locais com perguntas sobre crianças índigo, o que me levou a ler sobre elas. Não poderia responder como "achólogo" às perguntas mais comuns:
– Você acredita na existência de crianças índigo?
– Como é que dois irmãos de sangue, criados juntos, seguem caminhos tão diferentes? Às vezes, um para o bem, outro para o mal.
– meu neto me explica, ou me responde, com um raciocínio e inteligência que me surpreendem. Não gosta de brigar, está sempre bem e adora os animais. Bem diferente do que eu e até meus filhos éramos quando tínhamos a idade dele...

• • •

Não há avós que não se encantem com seus netos e pais que não fiquem maravilhados quando eles começam a tomar as suas próprias iniciativas para fazer qualquer ato, ter qualquer comportamento ou emitir qualquer som. Mas é principalmente quando esses netos e filhos conseguem expressar suas vontades, seja qual for o método por eles utilizado, que seus avós e pais ficam espantados.

A reação dos avós e pais é bastante natural se percebermos o que aconteceu nos últimos 30 anos. Em 1981, a IBM lançou o primeiro PC (computador pessoal) no mercado no mundo. Depois, em 1985, a Microsoft lançou o sistema operacional Windows e, em 1990, a versão Windows 3.0, que difundiu a era da informação como poder, pois qualquer pessoa poderia criar, manipular e compartilhar as informações que desejasse[17]. O ser humano fica surpreendido e admirado com os avanços tecnológicos que surgem nesta era digital, que tornam o mundo cada vez mais plano, principalmente na informática e na comunicação. Como conseguíamos viver sem o telefone celular? Sem o PC?

• • •

As crianças hoje "já nascem sabendo", comentam as pessoas em geral. Parece que esses avós e pais, não importa se informatizados ou não, foram pegos de surpresa, pois veem os filhos com os olhos do coração e os recebem com boas intenções e esperanças. O mundo

---

[16] Para saber mais, ler *Crianças índigo – Uma visão espiritualista*, de Rosana Beni. Osasco: Novo Século, 2002, p. 24 (N.E.).
[17] Para saber mais, ler *O mundo é plano*, de Thomas L. Friedman. Rio de Janeiro: Objetiva, 2007, p. 71 (N.E.).

ficou plano também nos relacionamentos com as crianças quando elas mandam nos avós e nos pais tanto quanto eles mandam nelas. Elas não conhecem hierarquias e tratam todos igualmente: avós, pais, irmãos, vizinhos, estranhos...

É a cultura que vai absorvendo, transformando e individualizando cada nascente. A criança não sabe o que tem de ser feito, ela quer simplesmente fazer o que tem vontade de fazer. Aprende por ensaio de erros e acertos. Se erra, começa outra vez; se acerta, repete e passa para novos desafios. Adultos temem o erro e até se paralisam diante da possibilidade de errar. Crianças normalmente vão tentando até conseguir. Se numa casa existe um aparelho de DVD e a criança puder mexer, em um instante ela aprende a colocar o DVD preferido e alterar as configurações para assistir ao programa como acha melhor. Regina Beni sugere aos pais que, quando perceberem que o campo energético do filho está comprometido,

- levem-no para passear em lugares com muita natureza (flora e fauna), onde pode reciclar suas energias, captando-as como antenas parabólicas;
- desenvolvam bom espaço para ele brincar com desenhos, pinturas, montagens;
- utilizem o diálogo para resolver qualquer problema, explicando sem gritar, com coerência, colocando-o no seu lugar e vice-versa;
- respeitem suas escolhas, mesmo que fique muito agitado;
- permitam que escolha sua alimentação, pois essas crianças sabem fazer isso muito bem. Também se dão melhor com remédios naturais.

> **A criança índigo existe para quem acredita na sua existência e a trata de maneira especial.**

Acredito que, se todos os pais lidassem com seus filhos como se eles fossem crianças índigo, teriam sucesso na educação, mesmo que eles não tivessem aura azul. Da mesma forma que, se os filhos fossem maltratados e deseducados, poderiam não cumprir seus desígnios mesmo sendo índigos.

• • •

Os irmãos são diferentes entre si, pois a combinação dos genes do pai e da mãe é diferente para cada filho. Ao nascer primeiro, a criança ganha o "reinado", quer como filho, quer como neto. Nascer em segundo lugar numa casa onde já existe um reizinho dá uma condição muito diferente por questões que até escapam do controle dos pais. Por mais protetores que estes sejam, a dinâmica mais comum é o primeiro filho perder o reinado, e o segundo ganhar o dedo do reizinho enfiado no seu olho.

Geração *tween*[18]

As gerações continuam surpreendendo os "psicoafins". Depois da tão preocupante "adultização" das crianças – assumir na infância responsabilidades de adulto, por isso não sobra tempo para brincar –, surgiu a "adolescentização" delas.

A *geração tween* é formada por crianças que já querem adotar comportamentos de adolescentes, usando bonés, tênis, tatuagens, surfando na internet, construindo seus blogs, participando das redes sociais, querendo sair para fazer programas de adolescentes. Nem seu corpo ou sua competência psicológica e preparo emocional estão prontos para tais ações e hábitos.

A menina nem tem seios e já usa sutiã. Se for apenas para ver como é, use em casa, em brincadeiras, para matar a curiosidade; da mesma forma que pinta os lábios, põe salto alto ou veste as roupas da mãe. Mas isso não deve se tornar um costume nem ser feito na rua. Não é adequado usar sutiã se ainda não há seios, assim como deixar de usá-lo quando necessário.

Há casos de meninas com mamilos avantajados cuja mãe se recusa a comprar um sutiã "porque ela ainda é tão criança!". O bom senso tem de prevalecer sobre a vontade dos pais. É necessário que os pais monitorem de perto os filhos *tweens* que só querem se divertir. Os maiores riscos são o envolvimento com drogas e a exposição a perigos desnecessários.

Educação sexual

Ela deve começar cedo. As crianças estão mais espertas e têm acesso a todo tipo de informação sexual. A curiosidade é natural. Saber como as pessoas enfrentaram certas situações pode apontar uma luz, trazer conhecimento, aumentar o repertório pessoal e fazer refletir. É natural, portanto, que as crianças demonstrem curiosidade e procurem esclarecer as dúvidas com as pessoas em que mais confiam: o pai e a mãe. Logo, não dá para escapar: mais dia, menos dia, o assunto entrará em pauta.

> **Não existe idade certa para falar de sexo com os filhos, e sim o momento adequado.**

A conversa deve acontecer sempre que surgir uma oportunidade. Diante da televisão, por exemplo. É comum a criança correr pela sala enquanto os pais assistem a uma novela, até que aparece uma cena de sexo e ela para diante da imagem. É a hora de a mãe e o pai dizerem que aquilo é natural entre gente grande; não podem simplesmente mudar de canal. Nem essa censura nem a repressão funcionam.

---

[18] Em inglês, *bet*ween: a criança entre a infância e a adolescência, geralmente de 8 a 12 anos de idade.

"Meu filho não se abre comigo" é uma queixa comum dos pais fechados. Sem perceberem, eles fogem de determinados assuntos e esperam que os filhos os procurem para conversar com eles a respeito. O clima de confiança precisa ser estabelecido desde cedo.

• • •

Um garoto de 9 anos perguntou à sua mãe como era uma camisinha feminina. "Não sei", ela respondeu, "deve ser como a masculina", e deu o assunto por encerrado.

• • •

As campanhas que recomendam o uso de camisinha dedicam-se mais aos homens. Não mencionam a camisinha feminina. O garoto ouviu falar dela, sentiu curiosidade e resolveu perguntar à mãe. Surpresa, ela optou pela saída mais fácil porém incorreta. Existem diferenças entre os dois preservativos. Enquanto o do homem envolve por fora, o da mulher envolve por dentro. Embora tenham vida sexual, muitas mães talvez ainda não o conhecem. Nesse caso, seria melhor admitir o desconhecimento e comprometer-se a pesquisar. O pai e a mãe não são obrigados a saber tudo. Mas não podem deixar uma dúvida em aberto. Devem procurar saber e ensinar, que é um gesto de amor, e daí surge a intimidade. Mais tarde, a primeira pessoa que o filho procura é a mãe (ou o pai), que sempre acompanhou cada fase de seu crescimento.

> **Na educação sexual, o importante é responder especificamente ao que se pergunta.**

Em geral, o constrangimento da postura de protetor é tamanho que o pai ou a mãe resolvem dar uma aula de camisinha. Contam a história do preservativo e ficam aliviados. Mas precisam perceber se atenderam à necessidade da pergunta. Quase sempre o que a criança quer saber é o sentido prático: para que serve. Tirar o foco da pergunta só aumenta a curiosidade infantil.

Lembra-se? Se a criança fosse um carro de corrida, ao perguntar ela estaria fazendo um *pit stop*. Se a parada é satisfatória, ela segue na corrida; caso contrário, já na próxima volta terá de parar, até estacionar completamente. Portanto, é melhor dar a resposta de que ela precisa. Mesmo porque ela pode fazer o *pit stop* com outras pessoas.

Recentemente foi lançado um livro sobre puberdade feminina pela psicoterapeuta australiana Shushann Movsessian[19] numa linguagem atualizada, cheio de figuras e imagens ilustrativas, um livro que tem o formato e mensagens em forma de revista que considero muito apropriada para mulheres de uma forma geral. Já atendi muitas mães para quem

---

[19] Para saber mais, ler *Puberdade – Só para garotas*, de Shushann Movsessian. São Paulo: Integrare, 2007 (N.E.).

funcionamento hormonal ainda era desconhecido. O interessante é que os garotos também irão se interessar, pois sobre o título *Puberdade* há um carimbo dizendo "Só para garotas".

Mesada

Uma das perguntas mais comuns em palestras é sobre a mesada: será que colabora na educação? Sim! Para ajudar a criança a se organizar, nada melhor que algo pelo qual possa se responsabilizar e seja materialmente mensurável, como o dinheiro.

> **Crianças que aprendem a administrar bem a mesada vivem melhor que as descontroladas.**

A mesada deve se destinar aos gastos do dia a dia da criança. É para supérfluos, como figurinhas, adesivos, canetinhas coloridas, revistinhas etc. O dinheiro da mesada não deve cobrir despesas essenciais, como mensalidade escolar, lanche e roupas.

O dinheiro do lanche, aliás, não deve ser guardado por ela, nem ser gasto com outras compras. Se a criança não gastar com alimento toda a quantia que recebeu, o troco fica para o lanche do dia seguinte ou é devolvido. Assim, ela aprende que o dinheiro do lanche se destina a comprar alimentos na cantina da escola. Outro uso deve ser considerado desvio de verba. Quando a criança "desvia a verba", deve ser ensinado que ela administrou erradamente o dinheiro do lanche. Apesar de estar nas mãos dela, o dinheiro não é dela. Ela tem a responsabilidade de administrar bem o que não é seu. Os pais retiram esta responsabilidade e a criança volta a levar lanche de casa. Na outra semana tenta outra vez; é a oportunidade para o aprendizado.

Em termos educativos, vale mais a pena dar o dinheiro do lanche todos os dias, para que a criança aprenda a lidar com a moeda, em vez de abrir uma conta na cantina escolar sem limite de gastos. "Comprar fiado" pode ser cômodo para os pais, porém é péssimo para a educação.

A riqueza desse aprendizado impede que a criança apareça em casa com objetos trazidos da escola: primeiro uma caneta, depois uma blusa, dinheiro e por aí vai.

> **A criança aprende a cuidar do que é dela e a respeitar e devolver o que é do outro.**

Se a criança não tem noção de valor, chega com as moedinhas e pergunta: "Isto dá para comprar balinha de tatuagem?". Então ainda não é hora de receber mesada. Assim que aprender o valor do dinheiro, o que ocorre muito mais depressa do que os adultos imaginam, os pais podem começar a lhe dar pequenas quantias.

Quanto dar de mesada? Depende do meio em que a família vive e da idade da criança. Cada faixa etária tem seus interesses particulares. O valor deve ser suficiente para que a criança compre figurinhas aos poucos e consiga completar o álbum em alguns meses. Comprar todas as figurinhas de uma vez foge do princípio educativo de lidar com o dinheiro. Uma das características do colecionador é juntar aos poucos, e não comprar tudo de uma só vez, ou comprar um álbum completo. Com isso, ele aprende a lidar com a espera e o imediatismo, a valorizar as figurinhas que tem e a negociar com outros colecionadores.

Apesar de o dinheiro da mesada ser da criança, é importante que, no início, os pais supervisionem seus gastos. A mesada é uma boa oportunidade de ensinar os filhos a gastar dinheiro levando em conta a relação custo/benefício. Vale a pena gastar aquela soma para comprar certo objeto? Esse aprendizado será útil no futuro. Crianças têm gostos inocentes, mas um onipotente juvenil de 17 anos talvez queira comprar drogas com o dinheiro dele, já que formou a noção de que pode fazer o que quiser com o próprio dinheiro.

Supervisionar os gastos do filho e impedir que avance nos bens do irmão é tarefa dos pais. A mesada permite observar as relações que se estabelecem entre irmãos folgados e sufocados, diarreicos e entupidos, sem limites e adequados. Os primeiros vivem antecipando mesadas. No começo do ano já querem adiantar o presente de Natal. Esse é um sinal de que o filho ainda não está pronto para lidar com o dinheiro, e os pais vão errar se atenderem a todos os seus desejos, que ainda não passaram pelo crivo da adequação, confiando demais na capacidade dele. O diarreico fica contente de comprar, mas não em usufruir o que comprou. Incapaz de administrar sua verba, ele gasta em coisas que estão fora de seu alcance. O extremo oposto do diarreico é o entupido, que morre de vontade, mas não gasta nada. Guarda tudo e sofre privações na ânsia de economizar. Quem sabe juntar dinheiro provavelmente terá uma vida mais organizada e saudável que aquele que está sempre correndo atrás do prejuízo, mas convém tomar cuidado com exageros e saber desfrutar o que se ganha.

Uma das formas de ajudar a controlar é descontar as dívidas na fonte, fazendo valer a máxima "dívida é a primeira coisa que se paga". E estabelecer o pagamento de juros. De cada 10 emprestados, por exemplo, 1 é de quem emprestou. É bom que esses juros sejam "extorsivos", piores até que os cobrados por bancos, para impedir que o filho adquira o costume de tentar viver com mais do que ganha – o que, aliás, é o grande problema de boa parte dos brasileiros. O que os bancos mais fazem é emprestar para gente que gasta além de suas possibilidades.

Vale: desequilíbrio financeiro

É preciso cuidado especial quando os filhos começam a fazer vales com avós e funcionários da casa. A fonte de dinheiro tem de ser só os pais. E se acabou, acabou! Do contrário, a criança vai gastando, sem se importar se o dinheiro é dela ou dos outros.

Quando consegue o dinheiro através de vales, ela fica muito satisfeita, mas não tem a preocupação de pagá-lo. Conta com a benevolência e o perdão dos credores. Se esses são os primeiros passos de sua vida financeira, como pretende agir futuramente?

Telefone celular

Muito se tem escrito sobre o uso de celulares na infância, se os pais devem ou não dar um aparelho aos filhos, pois não são as crianças que compram e muito menos que pagam a conta.

Se dependesse apenas dos pais, eles dariam sempre, mas é preciso que levem em consideração a sua utilidade.

> **O telefone celular é uma facilidade que melhora a qualidade de vida, mas pode também ser uma necessidade.**

Antes de decidir, os pais devem observar, dentre os telefonemas que o filho recebe em casa, quais são os essenciais. Bater papo com amigos, jogar conversa fora ou passar trotes não é fazer bom uso do celular.

Muitos pais têm dado aos filhos um celular com limite de gastos, o pré-pago. Mais interessante que saber quanto é observar com o que ele gastou. Não importa só o resultado, mas também o caminho percorrido. Quando acabar, ganha outro cartão? Em quanto tempo? Os pais têm de discutir e supervisionar o uso do aparelho.

Se o filho vai viajar e os pais querem notícias, é bom que saibam que os adolescentes não atendem o celular porque podem estar fazendo o que não devem.

Quando um filho não atende o chamado dos pais, é bom que o uso do celular seja suspenso por uma ou duas semanas, num tempo igual ao que fica proibido de sair para se divertir. Se não atende os pais, não tem por que atender amigos. Depois retorna o uso, mas, no primeiro não-atendimento, suspende-se com uma semana a mais do que foi da última vez. A finalidade é educar o uso e não tomar o celular do filho.

Videogames

É um dos brinquedos que mais distraem as crianças, mas ao mesmo tempo o videogame também representa um perigo: o vício. É importante saber quando o filho está passando dos limites saudáveis. Os excessos podem ser percebidos pelos seguintes sintomas:

- é difícil parar de jogar;
- qualquer tempinho que sobra ele começa a jogar "só um pouquinho";

- atrapalha as atividades familiares de convivência: papos, saídas, jantares etc.;
- fica sem tempo para fazer os deveres escolares;
- avança no horário de deitar-se e apresenta dificuldade de acordar;
- há brigas porque invadiu horário de outros jogarem etc.

Quando há excesso, é porque a criança perdeu o controle. Então é preciso que alguém, principalmente a mãe ou o pai, a ajude a recuperá-lo. Um dos meios é estabelecer um horário para parar de jogar. Os pais não devem cair no seguinte argumento: "Espera, pai, está faltando só um pouquinho para terminar o jogo". O que está combinado é parar de jogar, e não terminar o jogo, que tanto pode acabar dali a minutos quanto levar muito mais tempo. Caso a criança não aceite esse horário, não deve nem começar a jogar. O que está combinado tem de ser cumprido.

Quanto maiores forem os prejuízos para as suas atividades, menor deve ser o tempo estipulado para o jogo. Como não se trata de castigo, e sim de arcar com as consequências do jogo, à medida que os prejuízos são recuperados, a criança ganha mais minutos para jogar.

Videogames & violência

Existe uma corrente de pensamento que acha que videogames violentos estimulam a violência nas pessoas. Há situações em que o cérebro "acredita" que o jogo violento dos videogames é real. Isso provoca fortes descargas de adrenalina e de neurotransmissores, como ocorre em brigas reais. Os jovens que brincaram com videogames violentos na infância seriam mais violentos que os que não brincaram.

Outra corrente acha que tais jogos não provocam tanta violência assim. Caso contrário, o Japão – e outros países asiáticos produtores desses *games* – estaria submetido à violência de seus jovens, pois a maioria quase absoluta brincou com videogames violentos. Para essa corrente, o cérebro "sabe" que está simplesmente assistindo a videogames violentos, e não interagindo física e emocionalmente com eles.

Não existe um padrão absoluto. Os videogames violentos podem predispor à violência aquelas personalidades ou os que vivem em ambientes favoráveis a seu crescimento. Há pessoas que nascem mais agressivas que outras. Estas, quando crescem em ambientes favoráveis à violência, podem se tornar mais violentas que outras. Nesses casos, os *games* podem agravar a situação.

Outras pessoas, por falta de limites, por tolerarem menos as frustrações do cotidiano, por se acharem no direito de fazer o que têm vontade, sem a mínima consideração com os outros, podem se tornar muito agressivas e impulsivas. Daí para a violência é um passo. A violência é a agressividade natural e adequada que saiu do controle e passou a ser destrutiva.

Sabendo usar não vai faltar

Quando a energia elétrica era farta no Brasil, havia desperdício e consumo desnecessário. Em 2001 o governo foi obrigado a implementar medidas de racionamento do consumo de energia devido à longa estiagem, que levou à queda do nível de água dos reservatórios. Não existe reserva de energia elétrica. Ela é produzida de acordo com a necessidade de consumo. São as matérias-primas que podem ser reservadas, represando-se a água, por exemplo. Educar é também ensinar a usar racionalmente a energia elétrica.

Em 2000, cada pessoa gastava, em média, 50 litros de água potável por dia. Se essa quantidade for mantida, em 2030 faltará água potável no mundo para tanta gente. Lavar com esguicho a calçada de casa? Nem pensar...

Atualmente o grande problema é o aquecimento global. Além de radicais medidas tomadas pelos poderes públicos, é preciso que cada pessoa tenha a consciência atenta para preservar o planeta. Uma das medidas mais eficientes dos mecanismos de defesa é a eliminação dos desperdícios pessoais.

Educar significa ensinar a lidar com o que já se tem, evitando desperdícios e criando a consciência da suficiência para ter uma excelente qualidade de vida. É como diz a sábia campanha: "Sabendo usar, não vai faltar".

Desperdício do "não"

Quantas ordens, que os pais dão aos filhos, são descumpridas? Que acontece aos filhos desobedientes? A melhor maneira de perder a autoridade é dar uma ordem que não será cumprida. E esse processo começa na mais tenra idade, quando a criança desobedece aos "nãos" dos pais.

Quantos "nãos" os pais dizem num dia? Numa semana? Durante a infância dos filhos? São muitos, mas muitos mesmo... Destes, a quantos as crianças realmente obedeceram? Todos os demais expressam o desperdício do "não". Para recuperar a autoridade essencial à educação, é importante compreender a psicodinâmica da desobediência do "não" e, a partir daí, buscar a modificação.

• • •

Antes de proibir, é preciso analisar a situação:

- o filho corre grave risco de vida (ser atropelado, brincar com armas, cair perigosamente, pôr na boca produtos tóxicos e venenos, querer acariciar um cão furioso etc.). Deve ser parado com um "não" forte e incisivo, num grito, enquanto se faz a contenção corporal no braço, na camisa, onde se conseguir pegar. É uma emergência: portanto, esse deve ser um "não" proibitivo, sem acordos;

- o risco de vida é baixo (brigas sem armas entre irmãos, abuso de jogos/brinquedos/esportes/situações perigosas, radicais ou violentas etc.). O "não" também deve ser muito claro e firme, em voz alta, mas sem gritos. Geralmente cabe um acordo e não é tão emergencial. Significa: "Pare (ou cuidado) com isso para não se machucar";
- o filho infringe normas locais em ambientes que requerem comportamento adequado (fura filas, não para quieto, grita, mexe no que não deve, faz bagunça, incomoda outras pessoas, provoca crianças ou animais de estimação dos outros etc.);
- o filho atrapalha ou incomoda pessoas que precisam se concentrar.

Então, o pai e a mãe devem refletir:

- Se dizem o "não" muito mais por motivos pessoais (impaciência, falta de tempo, desinteresse, preguiça, para agradar às visitas etc.) que para educar o filho;
- Se é realmente necessário dizer "não", pois, se falta convicção, ele predispõe à desobediência.

A criança que desrespeita o "não" da mãe ou do pai tende a desrespeitar o "não" de outras pessoas. Além do mais, desenvolve a incapacidade de se controlar, isto é, não consegue dizer "não" a si mesma. A criança que costuma desacatar o "não" torna-se voluntariosa, impulsiva, instável, imediatista e intolerante, prejudicando os outros e também a si própria. Sua personalidade fica tão frágil que não suporta ser contrariada. Daí insistir, teimar, fazer birras e chantagens para conseguir o que quer.

• • •

É uma criança infeliz, pois nunca fica satisfeita. Despreza logo o que custou tanto a conseguir. O brinquedo que ela "mais queria na vida" é jogado fora sem remorso. Em seguida volta a usar o esquema que todos conhecem para obter outro "sonho de sua vida". É assim que os pais criam as "crioncinhas", que depois se transformam em "aborrecentes" não só em casa mas também na escola e na sociedade.

Selva de pedra

Nas palestras, os pais me perguntam se orientar a criança sobre os cuidados a tomar com sua segurança prejudica a inocência do crescimento. Como alertar o filho sem transformá-lo numa pessoa medrosa?

Há muitos anos os grandes centros urbanos foram comparados a selvas de pedra, devido à paisagem dominada por prédios. Agora, a selva está cheia de predadores. A mãe que cria o filho no meio da mata ensina-o a lidar com cobras, aranhas, bichos e outros perigos naturais. Nas selvas de pedra, os seres humanos são ao mesmo tempo predadores e presas. O clima está tão pesado que a mãe tem de alertar o filho a se poupar, não se expor pela ingenuidade a ser a próxima vítima. A criança tem de conhecer os procedimentos para sobreviver nessa selva de pedra.

Adultos sabem muito bem quais são os comportamentos preventivos: não falar com estranhos, não demonstrar riqueza, não ficar distraído no semáforo, manter os vidros do carro fechados, não andar desatento pela rua e, se houver algum suspeito, atravessar a rua, evitando ao máximo locais pouco movimentados, especialmente à noite. As crianças precisam aprender a sobreviver na selva em que vivem, pois, se antes eram poupadas, hoje são os alvos preferidos.

Entre as medidas a ensinar está a maneira de atender o telefone. Orientar todos da casa, familiares e empregados, a não oferecer dados como nome dos moradores, atividades, rotina, horários, itinerários etc. Ao atender o telefone, perguntar diretamente com quem quer falar em vez de dizer o número. Ainda que a família more em prédio, não permitir que a criança corra para abrir a porta assim que toca a campainha. A segurança dos edifícios também pode ser burlada. Abrir a porta tem de ser tarefa de adulto.

> Aprender a sobreviver nessa selva de pedra é absolutamente necessário.

Desde cedo a criança tem de aprender a se preservar. Os pais devem ensiná-la a não se exibir na escola, mostrando o tênis de grife ou contando que tem piscina em casa. Sua comodidade não deve constranger ninguém. Ela vai sobressair pelo que é, não pelo que tem. Os bandidos querem o que ela demonstra que tem.

Se nós pertencemos a essa sociedade/selva, é preciso que os pais, além de proteger os filhos, procurem fazer algo saudável pela sociedade, para que a educação e as oportunidades de trabalho cheguem também aos predadores. As vítimas e suas famílias não podem querer vingar-se fazendo justiça com as próprias mãos, mas podem se dedicar a contribuir para o bem-estar da cidade, até mesmo dos excluídos.

Essas medidas podem começar pela empregada da própria casa, oferecendo-lhe boas condições de trabalho e interessando-se por sua vida. Repare se está jogando fora algo que pode ser aproveitado por outras pessoas.

Filhos são como navios

Quem ama, educa. Os pais têm que educar a vontade que os filhos sentem de fazer qualquer ação que lhes traga prazer sem medir as consequências e de se proteger, dando condições para que eles cuidem da própria segurança. O lugar mais seguro para o navio ficar é no porto. Mas essa não é a finalidade para a qual foi construído. Para um navio bem construído, o mundo é pequeno, como já vimos.

O pai e a mãe são um porto seguro para os filhos até que eles se tornem independentes. Embora os pais possam pensar que o lugar mais seguro para as crianças é junto deles, os filhos devem ser preparados para navegar mar adentro, enfrentando bons e maus tempos para atingir seus objetivos. A criança deve ser educada e preparada para ser seu próprio porto seguro. Assim, o mundo também será pequeno para ela, porque mais amplos serão seus horizontes...

Nem sempre os navios (filhos) vão para o lugar que seus fabricantes (pais) imaginaram. Ninguém pode garantir qual caminho o filho vai seguir, mas, seja para onde for, deve levar dentro dele valores como ética, humildade, humanidade, honestidade, disciplina e gratidão, dispondo-se a aprender sempre e a transmitir o que puder com vistas a estabelecer relacionamentos integrais com todas as pessoas, independentemente de sua origem, cor, credo e condições socioeconômicas e culturais.

> **O filho nasceu dos pais, mas é um cidadão do mundo.**

Prevenção contra as drogas já na infância

É na infância que começa a prevenção ao uso de drogas, o risco de um jovem entrar em contato com drogas é muito grande.

São muitas as razões que levam os adolescentes a experimentar drogas. As explicações sobre o uso contínuo das drogas por uns e não por outros e os vícios decorrentes estão em meu livro *Juventude & Drogas:* Anjos Caídos[20].

Destaco aqui as questões educacionais familiares.

Alguns posicionamentos que predispõem a criança futuramente a usar drogas:

Extrema liberdade

Os pais deixam os filhos fazer tudo na infância. Na adolescência, as vontades e os desejos aumentam e a falta de limites se agrava. Educação requer limites, e a criança deve entender por que são necessários. Se ela não compreende a razão deles e simplesmente obedece, quando o proibidor desaparece, ela desconhece os limites.

Crianças sem limites são guiadas pelo eu interior instintivo (animal), não medem consequências nem assumem responsabilidades. Não têm esse aprendizado porque alguém sempre responde por elas. Se não houvesse esse alguém, a própria vida acabaria lhes mostrando as consequências do que fizeram.

---

[20] Para saber mais, ler *Juventude & Drogas*: Anjos caídos, de Içami Tiba. São Paulo: Integrare, 2007 (N.E.).

Será melhor para todos que a criança aprenda o mais cedo possível que não pode fazer tudo o que quer. A saúde social está em distinguir entre o que se pode e o que não se pode fazer. Um aprendizado estimula o outro. E torna-se cada vez mais fácil aceitar os limites da vida e lutar pelo que se acha que se pode fazer.

Achar que o gostoso é sempre bom

Quando pergunto a um adolescente por que usa drogas, é comum que ele responda: "porque é gostoso". Mas há coisas gostosas que não são boas. Da mesma forma, há coisas amargas que não são necessariamente ruins. O que deve ser evitado não é o amargo, mas o ruim.

Gostosa é uma sensação física (biológica, portanto animal) de prazer que todas as pessoas sentem, independentemente de idade, sexo, cultura, raça, religião etc. Bom ou ruim é um critério racional que pertence a um quadro de valores. Depende, portanto, de critérios como saúde, cultura, lei, religião, sociedade etc.

Gostoso ou não é avaliado pelo cérebro médio, que dirige os animais. *Certo ou errado* é avaliado pelo cérebro superior (córtex) que somente o ser humano tem.

Não ter de arcar com as consequências do que faz

Uma das condições que determinam a saúde social é saber que tudo se relaciona. O problema de hoje pode ser resultado do que não se fez ontem. Se o estudo for deixado de lado, já que dá muito trabalho, o preço a pagar no futuro pode ser muito alto. Se uma criança, mesmo aprendendo que tem que guardar os próprios brinquedos depois de brincar, não os guardar, é natural que tenha que arcar com as consequências disso. Uma dessas consequências é os pais doarem o brinquedo não guardado a uma criança pobre.

Se os pais arcam com as consequências daquilo que seus filhos aprontam, estes não aprendem nem a preservar a sua saúde, o que favorece o uso de drogas.

Não ter obrigações a cumprir

Dentre as obrigações que as crianças têm de assumir, uma das mais importantes é tomarem para si a responsabilidade de fazer o que são capazes de fazer. Quem sabe fazer aprendeu fazendo. Quando os pais fazem pelo filho, ferem sua autoestima. Como alguém pode alimentar a autoestima com elogios e notas por lições que ele não fez? Além de passarem a mentir, os filhos tornam-se incompetentes.

A personalidade também exige na sua formação alimentos como disciplina, ética, persistência e garra para atingir metas. Dois dos muitos sinais de uma personalidade desnutrida são o abuso de drogas e a já comentada síndrome dos "parafusos de geleia".

Ser egoísta

É fundamental que o filho saiba que a sua vida não é só sua, mesmo que somente ele possa vivê-la. A criança pequena diz, orgulhosa, "Você é meu pai", não para marcar a propriedade dela, mas para deixar claro que pertence a ele: "Eu pertenço a você, você é que cuida de mim". Se essa sensação for preservada e o pai e a mãe a reforçarem dizendo "Você é meu filho", forma-se uma unidade em que tudo o que um faz interfere na vida do outro. Ao tomar qualquer atitude, a pessoa pensará naqueles que ama. Isso a torna mais forte e menos vulnerável às pressões para o uso das drogas.

Se, pelo contrário, essa sensação de pertencimento não for clara, quando jovem, pode se considerar um "estranho no ninho" e achar que em seu mundo só existe ele e mais ninguém, pensando: "A vida é minha, faço dela o que eu quiser. Portanto, uso drogas porque quero".

A sensação de pertencimento dá ao ser humano a certeza de que é realmente importante para o outro. Da mesma forma que a mãe pensa: "Tenho filhos para criar, não posso me arriscar", os filhos podem pensar: "Tenho meus pais que se preocupam comigo". E evitar riscos. É a força gregária do ser humano na constituição de um time no jogo da vida.

Cair nas ondas da moda

Não se deve fazer nada simplesmente porque todo mundo faz. O ser humano é gregário, quer fazer parte de uma comunidade. Para ser aceito, tende a fazer tudo igual. Depois, passa a competir para ser o melhor. Se o grupo começa a fazer coisas que ele não quer, não é obrigado a acompanhá-lo. Se os amiguinhos agridem a professora, mas ele não quer fazer isso, não precisa segui-los. Se agredir também, cai na onda do grupinho, começa a sua delinquência.

Não é preciso se afastar das pessoas diferentes. O importante é se respeitar e respeitar os outros. Então a pessoa pode exigir que a respeitem. Há grande diversidade de comportamentos e até de religiões. Nem os próprios pais concordam entre si o tempo todo.

Quem precisa estar na moda e quer ter ou fazer o que os outros têm ou fazem revela baixa autoestima. Quem se estima não precisa entrar na moda para se sentir bem.

Falta de ética

Quem tem ética respeita tanto o outro como a si mesmo. Essa base do comportamento social começa em casa. Assim como os pais se preocupam com o filho para que nada de ruim lhe aconteça, ele também deve se preocupar com os pais e fazer o possível para preocupá-los menos. O maior poder do controle do uso, ou não, das drogas está com o próprio filho. Depois que as usa, o filho perde progressivamente o controle do que se passa dentro dele, como resultado do que a droga ingerida lhe provoca bioquimicamente.

A droga é prazerosa e absoluta: sempre age conforme suas características químicas nos mais diferentes organismos.

O uso das drogas, a mentira, a violência e a delinquência andam de mãos dadas. A ética se desenvolve com a responsabilidade, quando a criança faz o que é capaz de fazer. Os pais precisam parar de fazer tudo pelo filho. Quanto menos o filho faz, mais aumenta a dificuldade de fazer. Com o passar do tempo, ele passa a ter vergonha da dificuldade de fazer o que a maioria do pessoal de sua idade faz. Muitos meninos e meninas de 9 e 10 anos andam com o cadarço do tênis solto porque não sabem amarrá-lo. O pai e a mãe que sempre amarram o tênis do filho, oferecendo por amor essa ajuda de boa vontade, acabam atrapalhando o desenvolvimento da autossuficiência.

Não respeitar nem estimular o desenvolvimento da autossuficiência é uma falta de conhecimento educativo dos pais. Da mesma forma que ocorre quando fazem a lição pelo filho, o desejo dos pais de amarrar o tênis foi maior que o de ensinar o filho a fazê-lo. É por amor e não por sua falta que o fizeram, mas o que importa é saber que o prejuízo foi maior que a ajuda.

Mais tarde, os filhos, para não admitir que são incapazes, dizem que não querem estudar (ou amarrar os cadarços...).

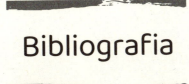

Bibliografia

B<small>ENI</small>, Rosana. *Crianças índigo*: Uma visão espiritualista. Osasco: Novo Século, 2007.

B<small>ERNHOEFT</small>, Renato. *Cartas a um jovem herdeiro:* O que é importante para ter sucesso profissional. Rio de Janeiro: Alegro, 2004.

E<small>STIVILL</small>, E. & B<small>ÉJAR</small>, S. de. *Nana, nenê:* Como resolver o problema da insônia do seu filho. São Paulo: Martins Fontes, 2003.

F<small>RIEDMAN</small>, Thomas F. *O mundo é plano.* Rio de Janeiro: Objetiva, 2006.

F<small>ONSECA</small>, Priscila M. P. C. da. "Síndrome de alienação parental". In: *Revista Brasileira de direito da Família*, v. 8, n. 40, fev/mar, 2007. Porto Alegre: Síntese.

G<small>ARDNER</small>, Howard. *Inteligências múltiplas:* A teoria na prática. Porto Alegre: Artes Médicas, 1995.

K<small>ANNER</small>, Leo. *Child psychiatry.* New York: C. Thomas Publisher, 1960.

M<small>ARINS</small>, Luiz. *Homo habilis:* Você como empreendedor. São Paulo: Gente, 2005.

M<small>AUSHART</small>, Susan. (trad.: Dinah de Abreu Azevedo). *A máscara da maternidade*: Por que fingimos que ser mãe não muda nada? São Paulo: Melhoramentos, 2006.

M<small>C</small>E<small>LROY</small>, Susan Chernak. *Animals as teachers & healers:* True stories and reflection. New York: Ballantine Publishing, 1997.

M<small>OVSESSIAN</small>, Shushann. *Puberdade:* só para garotas. São Paulo: Integrare, 2007.

M<small>USSAK</small>, Eugênio. *Metacompetência:* Uma nova visão do trabalho e realização pessoal. São Paulo: Gente, 2003.

P<small>ALERMO</small>, Roberta. *100% Madrasta:* quebrando as barreiras do preconceito. São Paulo: Integrare, 2007.

R<small>ESTAK</small>, Richard. M. D. *The new brain:* How the modern age is rewiring your mind. Emmaus: Rodale, 2003.

SAVATER, Fernanda. *Ética para meu filho*. São Paulo: Martins Fontes, 1993.
SILVA, Ana Beatriz B. *Mentes Inquietas*. Rio de Janeiro: Napades, 2003.
SOUZA, César. *Você é o líder da sua vida*. Rio de Janeiro: Sextante, 2007.
TIBA, Içami. *Adolescentes:* Quem ama, educa! São Paulo: Integrare, 2007.
_____. *Disciplina*: Limite na medida certa – Novos paradigmas. São Paulo: Integrare, 2006.
_____. *Educação & amor*. São Paulo: Integrare, 2006.
_____. *Ensinar aprendendo:* Novos paradigmas na educação. São Paulo: Integrare, 2006.
_____. *Juventude & drogas:* Anjos caídos. São Paulo: Integrare, 2007.
_____. *Seja feliz, meu filho!* São Paulo: Integrare, 2007.

Glossário remissivo

- Adolescentização 105
  Crianças que imitam comportamentos de adolescentes antes da puberdade ou adultos jovens que não querem arcar com as suas responsabilidades nem deveres mas exigem que suas vontades e direitos sejam saciados.

- Atendimento integral 35, 37
  Quando os filhos fazem seus *pit stops*, seus pais param o que estão fazendo para escutar realmente o que os filhos dizem e enxergar as reais circunstâncias; é pensar no que os filhos teriam competência para fazer através da cidadania e da ética, estimulando que façam o melhor que conseguirem.

- Birra afetiva 50, 51
  É uma postura de não-entrega para o carinho, colo, abraço, na qual geralmente se rompe a comunicação verbal e visual. Exemplos: não querer entrar na escola, agarrar-se na mãe para não sair do seu colo etc. O seu ganho é afetivo.

- Cidadania Familiar 36, 87, 88
  Princípio educativo familiar segundo o qual não se pode fazer em casa o que não se pode fazer na sociedade e há de se começar a praticar em casa o que terá de ser feito na sociedade.

- DNA 86, 87, 88, 89, 96, 97
  Uma simplificação para designar filhos biológicos, que trazem em si o DNA da mãe e do pai.

- Educação a seis mãos 68
  As mãos do coração e da razão do pai, da mãe e da escola, unidas pelos Princípios da Coerência e Constância para a educação da criança.

- Filhos DNA 97, 98
  São filhos que descobrem tardiamente seus pais (mais raramente suas mães) biológicos. Geralmente os pais DNA nem sabem da existência desses filhos até serem descobertos por exames de laboratório.

- Folgado 44, 66, 71, 85
  É a pessoa que deixa tudo, mesmo suas obrigações, para outros fazerem. Embaixo de um folgado tem sempre um ou mais sufocados.

- Geração *tween* 105
  Crianças de 8 a 12 anos que adotam comportamentos de adolescentes. Ironização com a palavra be*tween*, que significa "entre" (estar entre a infância e a puberdade).

- Geração digital 98
  A geração de filhos que tem a vida na ponta dos dedos (Tevê, internet, celular, blogs, orkut®, iPod® etc.).

- Hiperatividade (DDAH) 47, 49
  Distúrbio neuropsicológico mais genético que adquirido que traz problemas de impaciência, agitação, impulsividade, irritabilidade, agressividade, instabilidade, dificuldade em terminar o que foi começado. A pessoa sofre de hiperfoco no que aprecia e tem baixo rendimento escolar porque não consegue terminar um pensamento ou atividade sem ser incomodado por outros interesses, que vão brotando dentro de si. Geralmente são pessoas inteligentes, mas prejudicadas por uma pressa constante – como se o cérebro estivesse ligado à eletricidade. Podem apresentar também um déficit de atenção porque se perdem no meio de tantos estímulos internos e externos, aparentando estar absolutamente desligados. É necessário um diagnóstico diferencial, feito por um profissional capacitado, para não ser confundida com falta de educação.

- Mimetismo relacional 56
  Capacidade de uma pessoa adequar seu comportamento a diferentes ambientes.

- Onipotência infantil 28
  Crianças que acham que conseguem todos os seus desejos com seus pais, mesmo que tenham de chorar, gritar, principalmente quando não querem dormir, mas querem ficar acordadas. Ver "ritual do sono", parte 2, capítulo 2.

- Pais-geleia 58
  Pais que falam, gritam, cortam mesadas mas não cumprem nada do que prometeram por não resistirem às pressões dos filhos.

- Religiosidade 19, 22
  Sentimento quase instintivo de gente gostar de gente. Precede a religião que foi criada pelo homem.

- Ritual do sono 30, 31
  Método utilizado para fazer uma criança dormir sozinha.

- Síndrome do ninho vazio 85
  Os filhos crescem e alçam seus próprios voos e seus pais sentem a casa vazia porque, sempre vivendo em função dos filhos, não tiveram vida própria.

- Sufocado 66
  É a pessoa que faz tudo o que os outros deixam de fazer, mesmo que não seja sua obrigação. Em cima de um sufocado há sempre um ou mais folgados.

- *Working-mother* 53, 54, 65, 83
  Mãe que trabalha fora para ajudar no sustento da casa. Geralmente se sente culpada por não acompanhar o crescimento dos filhos.

Sobre Natércia Tiba

Natércia Tiba é psicóloga clínica pela PUC-SP, psicodramatista pelo Instituto JL Moreno e psicoterapeuta de famílias pelo Núcleo de Estudo e Práticas Sistêmicas: Sistemas Humanos.

Tem especialização em "Trabalho de grupo com gestantes" com Vitória Pamplona; realiza atendimentos psicoterápicos de crianças, adolescentes e famílias em consultório particular e dedica parte de seu tempo ao trabalho social atendendo também pessoas de baixa renda. É membro do IAGP – *International Association of Group Psychotherapy* e da ATPF – *Associação Paulista de Terapia Familiar*. Realiza palestras sobre relacionamento de pais e filhos, participa de programas de televisão, revistas, jornais e sites e é colaboradora de diversos livros na área de psicologia infantil e familiar:

- Prefaciadora do livro *O Manual de instruções que deveria vir com seu filho*, de Daniel G. Amen, São Paulo: Mercuryo, 2005;
- Colaboradora no livro *Belíssima aos 40, 50, 60, 70...*, de Carla Góes Sallet, São Paulo: Conex, 2005;
- Ampliação, atualização e revisão do livro *Seja Feliz, Meu Filho!*, de Içami Tiba, São Paulo: Integrare, 2006;
- Colunista da seção de Psicologia na *Revista da gestante* – de fevereiro a novembro de 2005;
- Colaboradora na coluna de Psicologia no site www.gravidaebela.com.br;
- Colaboradora no *Baby Guide* – do Planejamento ao Nascimento.
- Autora do livro *Mulher sem Script*, São Paulo: Integrare, 2012.

Sobre Içami Tiba

Filiação: Yuki Tiba e Kikue Tiba.
Nascimento: 15 de março de 1941, em Tapiraí, SP.
Morte: 2 de agosto de 2015, em São Paulo.

1968. Formação: médico pela Faculdade de Medicina da USP.
1970. Especialização: psiquiatra pelo Hospital das Clínicas da FMUSP.
1970-2007. Psicoterapeuta de adolescentes e consultor de famílias em clínica particular.
1971-77. Psiquiatra-assistente no Departamento de Neuropsiquiatria do Hospital das Clínicas da FMUSP.
1975. Especialização em Psicodrama pela Sociedade de Psicodrama de São Paulo.
1977. Graduação: professor-supervisor de Psicodrama de Adolescentes pela Federação Brasileira de Psicodrama.
1977-78. Presidente da Federação Brasileira de Psicodrama.
1977-92. Professor de Psicodrama de Adolescentes no Instituto Sedes Sapientiae (Pontifícia Universidade Católica), em São Paulo.
1978. Presidente do I Congresso Brasileiro de Psicodrama.
1987-89. Colunista da TV Record no programa *A mulher dá o recado*.
1989-90. Colunista da TV Bandeirantes no programa *Dia a dia*.
1991-94. Coordenador do Grupo de Prevenção às Drogas do Colégio Bandeirantes.
1995-2007. Membro da equipe técnica da Associação Parceria Contra as Drogas (APCD).
1997-2006. Membro eleito do *Board of Directors* da International Association of Group Psychotherapy.
2000. Apresentador do programa semanal *Caminhos da educação*, na Rede Vida de Televisão.

2001-02. Radialista, com o programa semanal *Papo aberto com Tiba* na Rádio FM Mundial (95,7 MHz).
2003-07. Conselheiro do Instituto Nacional de Capacitação e Educação para o Trabalho "Via de Acesso".
2005-07. Apresentador e Psiquiatra do programa semanal "Quem Ama, Educa", na Rede Vida de Televisão.

- Professor de diversos cursos e *workshops* no Brasil e no exterior.

- Frequentes participações em programas de televisão e rádio.

- Inúmeras entrevistas à imprensa escrita e falada, leiga e especializada.

- Mais de **3.300 palestras** proferidas para empresas nacionais e multinacionais, escolas, associações, condomínios, instituições etc., no Brasil e no exterior.

- Mais de **76.000 atendimentos psicoterápicos** a adolescentes e suas famílias, em clínica particular.

- Criou a Teoria Integração Relacional, na qual se baseiam suas palestras, livros e vídeos.

- Tem 22 livros publicados. Ao todo, seus livros já venderam mais de **2.000.000 de exemplares**.
    1. *Sexo e adolescência*. 10 ed. São Paulo: Ática, 1985.
    2. *Puberdade e adolescência*: Desenvolvimento biopsicossocial. 6 ed. São Paulo: Ágora, 1986.
    3. *Saiba mais sobre maconha e jovens*. 6 ed. São Paulo: Ágora, 1989.
    4. *123 respostas sobre drogas*. 3 ed. São Paulo: Scipione, 1994.
    5. *Adolescência*: o despertar do sexo. São Paulo: Gente, 1994.
    6. *Seja feliz, meu filho*. 21 ed. São Paulo: Gente, 1995.
    7. *Abaixo a irritação*: Como desarmar esta bomba-relógio no relacionamento familiar. 20 ed. São Paulo: Gente, 1995.
    8. *Disciplina*: Limite na medida certa. 72 ed. São Paulo: Gente, 1996.
    9. *O(a) executivo(a) & sua família*: O sucesso dos pais não garante a felicidade dos filhos. 8 ed. São Paulo: Gente, 1998.
    10. *Amor, felicidade & cia*. 7 ed. São Paulo: Gente, 1998.
    11. *Ensinar aprendendo*: Como Superar os Desafios do Relacionamento professor-aluno em tempos de globalização. 24 ed. São Paulo: Gente, 1998.
    12. *Anjos Caídos*: Como prevenir e eliminar as drogas na vida do adolescente. 31 ed. São Paulo: Gente, 1999.
    13. *Obrigado, minha esposa*. 2 ed. São Paulo: Gente, 2001.

14 *Quem ama, educa!* 157 ed. São Paulo: Gente, 2002.
15 *Homem cobra, mulher polvo.* 21 ed. São Paulo: Gente, 2004.
16 *Adolescentes:* Quem ama, educa! 25 ed. São Paulo: Integrare, 2005.
17 *Disciplina:* Limite na medida certa – Novos paradigmas. São Paulo: Integrare, 2006.
18 *Ensinar aprendendo*: Novos paradigmas na educação. São Paulo: Integrare, 2006.
19 *Seja feliz, meu filho.* Edição revista e ampliada por Natércia Tiba. São Paulo: Integrare, 2006.
20 *Educação & amor.* Coletânea de textos de Içami Tiba. São Paulo: Integrare, 2006.
21 *Juventude e Drogas:* Anjos caídos. São Paulo: Integrare, 2007.
22 *Quem Ama, Educa!* Formando cidadãos éticos. São Paulo: Integrare, 2007.

■ Tem 4 livros adotados pelo Promed do FNDE (Fundo Nacional e Escolar de Desenvolvimento), Governo do Estado de S. Paulo – Programa de Melhoria e Expansão do Ensino Médio:

■ *Quem ama, educa!.*

■ *Disciplina:* Limite na medida certa.

■ *Seja feliz, meu filho.*

■ *Ensinar aprendendo*: Como superar os desafios do relacionamento professor-aluno em tempos de globalização.

■ O livro *Quem ama, educa!*, com mais de **560.000 exemplares** vendidos, foi o *best-seller* de 2003 segundo a revista *Veja.* Também é editado em Portugal (Editora Pergaminho), Espanha (Editora Obelisco) e Itália (Editora Italia Nuova).

■ Tem 12 vídeos educativos produzidos em 2001 em parceria com Loyola Multimídia, cujas vendas atingem mais de **13.000 cópias**: 1 Adolescência. 2 Sexualidade na Adolescência. 3 Drogas. 4 Amizade. 5 Violência. 6 Educação na Infância. 7 Relação Pais e Filhos. 8 Disciplina e Educação. 9 Ensinar e Aprender. 10 Rebeldia e Onipotência Juvenil. 11 Escolha Profissional e Capacitação para a Vida. 12 Integração e Alfabetização Relacional.

■ Em pesquisa feita em março de 2004 pelo Ibope, a pedido do Conselho Federal de Psicologia, Içami Tiba foi o 3º profissional mais admirado e tido como referência pelos psicólogos brasileiros, sendo Freud o primeiro, e Gustav Jung o segundo. A seguir, vêm Rogers, M. Klein, Winnicott e outros. (Publicada pelo *Psi Jornal de Psicologia*, CRP SP, número 141, jul./set. 2004.)